외국인 유학생을 위한

# 한국어
# 문법론

# 외국인 유학생을 위한 한국어 문법론

**초판 인쇄** 2022년 3월 4일
**초판 발행** 2022년 3월 15일

**지은이** 김민영
**펴낸이** 박찬익
**책임편집** 권윤미
**펴낸곳** ㈜박이정 **주소** 경기도 하남시 조정대로45 미사센텀비즈 7층 F749호
**전화** 031)792-1193, 1195 **팩스** 02)928-4683 **홈페이지** www.pjbook.com
**이메일** pijbook@naver.com **등록** 2014년 8월 22일 제2020-000029호
**제작처** 제삼P&B

ISBN 979-11-5848-687-7 93710

외국인 유학생을 위한

# 한국어
# 문법론

김민영 지음

(주)박이정

# 머리말

**대학에서 외국인을 위한 한국어문법 강의를 하시는 선생님들과 스스로 한국어 문법을 공부하고자 하는 학생들을 응원하며!**

그간 여러 유형의 한국어 문법론 교재가 출간되었습니다. 최근 들어서는 외국인을 위한 문법론 교재도 출판되고 있습니다. 그러나 기존의 책들은 강의실에서 실제 사용하기에 문장구성과 어휘들이 어려웠습니다. 대학교 1학년 외국인 유학생들에게는 쉽지 않은 수준입니다.

반드시 공부해야 할 내용은 포함하되 학생들이 쉽게 배울 수 있는 문법서는 없을까? 이 책은 그러한 문제의식에서 출발했습니다. 쉬운 글과 어휘로 중요한 내용을 가르칠 수 있는 방안을 모색해 보고자 하였습니다.

이 책의 정체성은 제목과 같이 외국인 유학생을 위한 한국어 문법서입니다. 구체적으로는 한국어 능력 5, 6급 수준에 맞추어져 있습니다. 문장의 길이가 짧고 어휘가 비교적 쉽다고 할 수 있습니다.

이 책은 총 3부로 나눕니다. 제1부에서는 문법의 기초를 설명합니다. 문장성분과 품사에 대해 다룹니다. 문장성분과 품사 모두 기초 지식임에 분명합니다. 그러나 문장성분을 먼저 설명하는 것은 문법을 설명할 때 '주어'와 '서술어'가 더 쉽고 기본적인 개념이라 판단했기 때문입니다.

제2부는 '문장과 문법'이라는 제목으로 시작됩니다. 본격적으로 문장을 이루기 위한 문법 지식을 공부하게 됩니다. 문장의 종류와 시제, 상, 태, 부정 등을 공부합니다.

제3부에서는 실질적인 문법의 쓰임을 다룹니다. 설명하기에 주로 사용되는 문법, 감정-생각 표현하기에 주로 사용되는 문법, 설득하기에 주로 사용되는 문법, 마지막으로 제안하기에 주로 사용되는 문법을 공부할 수 있습니다. 각 문법을 익히며 이론에만 그치지 않고 실제 말하고 글 쓰는 데 활용할 수 있도록 연습할 수 있습니다.

이 책은 중간고사와 기말고사를 포함한 한 학기 16주차 수업을 위해 총 14강으로 구성하였습니다. 한 학기가 15주차로 이루어지는 대학이라면, 1강을 학생 스스로 예습하게 하고 2강부터 14강까지 함께 수업하면 됩니다.

이 책에는 평소 한국어 학습자들이 궁금해 하는 내용들이 〈보충 설명〉으로 삽입되어 있습니다. 이는 한국어 능력 6급 이상 학생들의 만족도를 높여줄 것입니다.

한 강의 끝에는 연습문제 또는 실전 글쓰기를 실었습니다. 이는 과제로 활용하기에 좋은 자료가 될 것입니다.

아직 한국어 실력이 최상위권이 아닌 학생에게도 한국어 문법론 수업은 필요합니다. 이 책은 그러한 학생들을 위해 쓰인 문법서입니다. 또한 이제 대학이나 기관에서 한국어 문법 강의를 시작하시는 교수님, 선생님들께도 실질적으로 도움이 될 것이라 기대합니다.

한국어 문법을 공부하는 모든 외국인 학습자를 응원합니다.

2022년 2월
김민영

강의에 앞서 기본적으로 알아두어야 할 용어와 기호들입니다.

◦ **화자** = 말하는 이 = 글쓴이 = 필자 = 나
◦ **청자** = 듣는 이 = 읽는 이 = 독자 = 상대방

◦ **구어** = 말할 때 쓰는 언어
◦ **문어** = 글 쓸 때 쓰는 언어

◦ **−** : −(으)려고
　　예) −(으_려고 : 공부하− + −으려고 = 공부하려고
　　　좀더 깊이 있게 공부하려고 유학을 결심했다.

◦ **～** : 절(문장) 자리
　　예) 그로 인해 ～ : 그로 인해 우리 사회는 큰 피해를 입었다.

◦ **[　～　]** : 문장(절)

◦ **[　～　][　～　]** : 이어진 문장

◦ **[　[　～　]　]** : 안긴문장과 안은문장

다음은 이 책이 전제로 하는 내용입니다.

◦ '−아/어'가 붙은 어미는 대표형 '−어'만 사용한다.
　　예)'−아/어도' : '−어도',　'−았/었−': '−었−'

# 차례

● 머리말     **4**

● 일러두기     **6**


## 제1부 **문법 기초**

**1강** 한국어 문법 현상의 특징     **10**

**2강** 한국어의 문장성분(1): 주성분     **22**

**3강** 한국어의 문장성분(2): 부속성분, 독립성분 그리고 어순     **30**

**4강** 한국어의 품사(1) : 체언     **40**

**5강** 한국어의 품사(2) : 용언     **56**

**6강** 한국어의 품사(3) : 수식언, 관계언 그리고 독립언     **76**


## 제2부 **문장과 문법**

**7강** 문장의 구조와 종류     **100**

**8강** 높임법과 부정문     **120**

**9강** 시제와 상     **134**

**10강** 태: 피동과 사동     **152**


## 제3부 **문법의 쓰임**

**11강** 설명하는 글에 주로 쓰이는 문법     **168**

**12강** 감정이나 생각을 표현하는 글에 주로 쓰이는 문법     **216**

**13강** 설득하는 글에 주로 쓰이는 문법     **246**

**14강** 제안하는 글에 주로 쓰이는 문법     **266**


● 참고문헌     **296**

외국인 유학생을
위한 한국어 문법론

# 문법 기초 1

**1강** 한국어 문법 현상의 특징

**2강** 한국어의 문장성분(1): 주성분

**3강** 한국어의 문장성분(2): 부속성분, 독립성분 그리고 어순

**4강** 한국어의 품사(1) : 체언

**5강** 한국어의 품사(2) : 용언

**6강** 한국어의 품사(3) : 수식언, 관계언 그리고 독립언

# 1강
# 한국어 문법 현상의 특징

1. 한국어는 어려운 언어인가, 쉬운 언어입니까??

2. 왜 그렇다고 생각합니까?

3. 여러분의 언어와 무엇이 같고 무엇이 다릅니까?

한국어는 어떤 언어인가? 한국어를 배우는 동안 한국어가 어떻다고 생각했는가? 어려운 언어인가? 어렵다고 느꼈다면 그것은 두 가지 이유에서 온 것이다. 하나는 여러분의 모어와 다르기 때문일 것이고, 다른 하나는 한국어에 문법이 많다고 느끼기 때문이다.

한국어에 문법이 많다고 느낀다면 특히 다음의 두 가지에 관한 내용일 것이다. 첫째는 '연결어미', 둘째는 '조사'가 그것이다. 그 밖의 것들은 다른 언어에도 발달해 있으니 유난스럽게 한국어만 어렵다고 말할 이유가 없다. 그렇다면 연결어미란 무엇이고 조사란 무엇인가?

한국어의 어려움, 그 이유를 설명하는 이 첫 단락이 벌써 어렵게 느껴진다면 '연결어미'라는 문법 용어와 '조사'라는 품사를 모르기 때문이다. 연결어미는 '-느라고', '-고서', '-어서'와 같이 문장과 문장을 연결하는 문법을 일컫는다. 조사는 "나는 한국어를 공부한 미국 사람입니다"에서 '는',과 '를', 그리고 '이-', "언니가 너보다 작구나."에서 '가'와 '보다' 등의 것들이다. 한국어는 이러한 연결어미와 조사가 매우 발달된 언어 가운데 하나이다.

이에 더불어 한국어의 특징으로, 이야기의 정보가 가득 들어 있는 '서술어'를 들 수 있다. "할아버지께서 책을 읽으셨습니까?"라는 문장에서 '읽으셨습니까'가 서술어이다. 이 한 어휘에서 '읽다'라는 동사의 의미 정보 외에, 많은 것을 알 수 있다.

본 강에서는 이 세 항목, 즉 연결어미, 조사, 서술어를 중심으로 한국어 문법의 특성을 이야기하도록 한다. 그동안 배워온 한국어를 되짚어보면서 중요한 내용을 정리해 나가기 바란다.

## 1.1. 한국어는 어미가 발달해 있다.

'웃다', '재미있다', '크다' 와 같은 어휘들을 문장에서 사용하기 위해서는, 다음과 같이 시간 문법을 더하고 모양을 바꾸어야 한다. 이때 시간 문법을 '시제'라 하고, 동사나 형용사가 모양을 바꾸는 것을 '활용'이라고 한다.[1]

**(1)** 가. 사람들이 웃었습니다.

　　나. 사람들은 영화가 재미있어서 큰 소리로 웃었습니다.

(1가)에서 '웃었습니다'는 먼저 두 덩어리로 나눌 수 있다.

웃- + -었습니다

'웃–'은 이 어휘의 기본 의미가 담긴 부분이고, '–었습니다'는 '웃다'의 의미와 상관없이 문법 기능을 담당하는 부분이다. 이렇게 어휘의 기본 의미가 담긴 부분을 '어간'이라고 부르고, 그 외의 부분을 '어미'라고 부른다. 그렇다면 (1나)의 '재미있어서'와 '큰'은 어떠한가?

재미있- + -어서

크- + -ㄴ

'재미있–'과 '크–'가 어간이 되고 '–어서'와 '–ㄴ'은 어미가 된다. 그런데 어미라고 부르는 것들의 성격이 다 달라 보인다. '–었습니다', '–어서', '–ㄴ' 모두 어미지만, 이들은 각각 다른 종류로 구분된다. 먼저 '–었습니다'를 보자.

---

1　시제와 활용의 구체적인 내용은 차차 배워나갈 것이다.

## -었- + -습니다

'-었습니다'는 과거를 나타내는 '-었-'과, 청자(듣는 사람)가 나이가 많거나 지위가 높을 때 문장 끝에 붙이는 '-습니다'로 분리할 수 있다. 먼저 '-습니다'와 같이 문장 끝에 쓰이는 어미를 '어말어미(종결어미)'라고 한다. 문장을 끝내는 어미라는 뜻이다. '-었-'은 과거를 나타내는데, 어말어미보다 앞에 붙는 말이라서 '과거시제 선어말어미'라고 부른다. 이때 '선-'은 '앞'이라는 뜻이다.

다음의 예문들을 통해서 비슷한 어미들을 분류해 볼 수 있다.


**(2)** 가. 내일은 비가 <u>오겠습니다</u>. [오- + -겠- + -습니다]

　　나. 아버지가 <u>나가셨다</u>. [나가- + -(으)시- + -었- + -다]

　　다. 같이 영화 <u>보자</u>. [보- + -자]

　　라. 아기가 이제 <u>걷는구나</u>! [걷- + -는- + 구나]


(2가)에는 미래시제 선어말 어미 '-겠-'과 종결어미 '-습니다'가 있다. (2나)에는 '-(으)시-'가 있는데 이것은 '높임 선어말 어미'라고 부른다. (2다)는 선어말 어미 없이 종결어미 '-자'만 붙어있다. (2라)는 '현재시제 선어말 어미'와 종결어미가 붙어있다.

이상에서 우리가 알 수 있는 것은 다음과 같다. 첫째, 어미에는 선어말 어미와 종결어미가 있다. 둘째, 선어말 어미에는 시제 선어말 어미와 높임 선어말 어미가 있다. 셋째, 종결어미의 모양이 다양하다.

모양이 다르다는 것은 의미가 같지 않다는 것을 뜻한다. 다 다른 종결말어미에 대해서는 1.3절에서 다시 다루도록 한다.

다시 (1나)로 돌아와서, '재미있어서' 역시 어간과 어미로 나뉠 수 있음을 보았다. 그런데 '-어서'는 '-습니다'와는 달리, 문장 끝에 오는 어미가 아니다. 즉 종결어미가 아니라는 것이다. 이와 같이 문장 끝에 오지 않고 문장과 문장을 연결하는 기능을 가진 어미를 '연결어미'라고 한다. 연결어미는 그 수가 많다.

**(3)** 가. 나는 키는 <u>작은데</u> 농구는 잘해.

나. 어제는 <u>덥더니</u> 오늘은 춥네.

다. 공부를 열심히 <u>했기 때문에</u> 좋은 결과를 <u>얻었고</u> 취직할 수 있었다.

(3가)의 '-(으)ㄴ데'는 '키는 작다'라는 문장과 '농구는 잘해'라는 문장을 이어주고 있다. (3나)는 '어제는 덥다'라는 문장과 '오늘은 춥다'라는 문장을 '-더니'가 이어준다. (3다)는 '공부를 열심히 했다'라는 문장을 '-기 때문에'가 '좋은 결과를 얻었다'라는 문장과 연결시켜 주었고, 이 문장은 다시 '-고'를 통해 '취직할 수 있었다'와 연결된다.

이렇듯 두 개 이상의 문장을 연결시켜 주는 어미를 '연결어미'라고 한다. 연결어미는 '-고'나 '-으니'처럼 하나의 모습일 수도 있지만, '-기 때문에'처럼 띄어쓰기가 있는 경우도 있다.

한편, 연결어미는 문장만 연결하는 것이 아니라, 동사('먹다', '웃다'처럼 움직임이 있는 말)나 형용사('예쁘다', '춥다'처럼 상태를 나타내는 말) 뒤에 붙어 다른 동사나 형용사를 연결해 주기도 한다.[2]

**(4)** 가. 김치를 볶<u>아</u> 먹었다.

나. 음악은 나를 행복하<u>게</u> 한다.

---

2   동사와 형용사에 대해서는 품사 편에서 자세히 배울 것이다.

(4가)는 '-아'가 '볶다'라는 동사와 '먹다'라는 동사를 이어주고, (4나)는 '-게'가 '행복하다'라는 형용사와 '하다'라는 동사를 이어주고 있다. 이와 같은 연결어미는 그 수가 많다.

**(5)** 가. 목적: -(으)려고, -(으)러, -고자 등

나. 양보: -어도, -더라도, -는데도, -(으)ㄹ망정 등

다. 순서: -고, 고서, -고 나서, -어서, -자, -자마자, 등

라. 이유: -(으)니까, -(으)므로, -느라고, -길래 등

연결어미에는 (5) 외에도 다양한 것들이 있다. 이에 대해서는 제3부 문장의 쓰임에서 자세히 살펴보도록 한다.

다음은 '전성어미'에 대해서 살펴보자. '전성'은 성질은 바꾼다는 뜻이다. 즉, 동사의 성질을 명사로 바꾸거나 형용사의 성질을 관형사(뒤에 오는 명사나 대명사 등을 설명해 주는 말)로 바꾸는 어미이다.

**(6)** 가. 만두는 만들기가 어렵다.

나. 나는 귀여운 강아지와 함께 살고 있다.

(6가)에서 '만들다'는 동사이다. 그런데 이 동사가 명사의 자리에 쓰였다. '어렵다'는 "시험이 어렵다", "문제가 어렵다"처럼 쓰인다. 그런데 '시험'이나 '문제'와 같은 명사 자리에 '만들다'라는 동사가 쓰인 것이다. 그런데 모양이 바뀌었다. "*만들다가 어렵다"라고 쓰이지 않고, "만들기가 어렵다."로 쓰인 것이다. '-기'는 동사의 성격을 명사의 성격으로 바꾸는 전성어미다.

(6나)에서는 '귀엽다'라는 형용사가 '강아지'라는 명사를 설명하고 있다. '저 사람', '새

가방'의 '저'나 '새'와 같은 관형사가 있어야 하는 자리에 형용사가 있는 것이다. 그래서 모양이 바뀌었다. '귀엽- + -(으)ㄴ'의 모양이 되어 쓰인 것이다. 이때 '-(으)ㄴ'도 전성어미라 부른다.

전성어미에 대해서는 제2부에서 자세히 살펴볼 것이다.

## 1.2. 한국어에는 조사가 있다.

한국어는 '조사'가 발달한 언어다. 조사는 단순하게 생각하면 영어의 전치사(at, to, by 등)와도 비슷한데, 정확히 들어맞는 것은 아니다.

**(1)** 가. 나는 선호와 식당에 간다.

나. I go to a restaurant with Seonho.

굳이 일대일로 번역해 보자면, '와'가 'with'와, '에'와 'to'가 같은 의미를 지닌다. 하지만 '나는'의 '는'과 대응되는 영어 전치사는 없다.

어찌 되었든, 이들의 차이는 명사 앞에 있는지와 명사 뒤에 있는지이다. 명사 앞에 있는 것을 '전치사'라 부르는데, 이러한 문법은 프랑스어, 스페인어 등에 있다. 반면 명사 뒤에 있는 것을 '후치사'라 부르는데, 일본어와 한국어 등에 있다. 한국어에서는 이를 특히 '조사'라고 부른다.

**(2)** 가. 물이 차갑다

나. 소희는 조용하지만 준호는 그렇지 않다.

(2가)에서는 '물'과 '차갑다'라는 두 어휘가 쓰였다. 이때 '물'은 '차갑다'에 대해 문장의 주어가 되고, '차갑다'는 '물'의 서술어가 된다.

한편 (2나)의 '는'은 주어 관계를 나타내지 않는다. 오직 '소희'와 '준호'를 대조하는 의미를 더할 뿐이다. 즉 '소희가 조용하지만 준호가 그렇지 않다'로 쓰여도 문법은 맞지만, 이 문장은 대조를 하고자 하므로 다른 방법이 필요하다. 이때 적절한 것은 대조하고 싶은 것에 '는'을 붙이는 것이다.

이러한 조사에는 많은 것들이 있고, 하나의 형태가 여러 의미를 갖는 것도 있다. '조차', '마저', '부터', '밖에'와 같은 부류들, 그리고 여러 의미를 갖는 '에', '(으)로' 등에 대해서는 품사 설명에서 자세히 살펴보도록 한다.

## 1.3. 한국어의 서술어에는 많은 정보가 담겨 있다

동사와 형용사, 그리고 "나는 학생이다."와 같은 문장의 '이다'는 문장에서 서술어를 만든다. 이러한 서술어는 많은 정보를 가지고 있어 한국어 문장에서 특히 중요한 역할을 하고 있다.

**(1)** 가. 선생님이 <u>오셨다</u>.

나. 선호가 <u>멋있더라</u>.

다. 요즘 <u>운동하고 있어</u>.

라. 열심히 <u>공부하겠습니다</u>.

마. 윤희는 <u>학생일 거예요</u>.

바. 이 책은 할머니께 <u>드리고 싶습니다</u>.

(1가)의 서술어는 '오셨다'이다. 여기에서는 '오다'라는 어휘의 뜻 외에, 선생님이 화자보다

나이가 많거나 사회적 지위가 높다는 정보(-(으)시-)와, 그 행동이 과거의 일이라는 정보(-었-), 청자가 나보다 나이가 많거나 지위가 높지 않다는 정보(-다)가 포함되어 있다.

(1나)에는 '멋있다'라는 어휘의 뜻 외에, 화자가 과거에 직접 경험하여 알게 된 사실을 전달한다는 뜻(-더-), 청자가 화자보다 나이가 많거나 지위가 높지 않다는 정보(-라)가 포함되어 있다. 이때 '-더라'는 하나의 종결어미로 쓰이지만, 분석하면 그렇다는 뜻이다.

(1다)의 '운동하고 있어'에는 '-고 있-'이 있다. 이 문법은 '진행'의 의미를 나타내는데 이를 상(Aspect)이라고 한다.[3] '-어'에서는 청자가 나보다 나이가 적다는 정보를 얻을 수 있다.

(1라)에서는 '-겠-'을 통해 주어의 의지, 즉 화자의 태도를 알 수 있고, 청자가 화자보다 나이가 많거나 지위가 높다는 사실을 알 수 있다. 또 격식을 갖춘 상황에서 말하여진다는 사실도 알 수 있다.

(1마)의 '학생일 거예요'는 '학생+ 이- + -(으)ㄹ 것이- + 어요'로 분석할 수 있다. 따라서 '학생이다'라는 정보 외에, '-(으)ㄹ 것이-'라는 어미에서 추측, 즉 화자의 태도를 알 수 있고, '-어요'를 통해 청자가 나보다 나이가 많거나 지위가 높다는 정보를 읽을 수 있다.

(1바)의 서술어는 '드리고 싶습니다'로 '드리다'라는 어휘를 통해 책을 받는 사람이 화자보다 나이가 많거나 지위가 높다는 사실, '-고 싶-'을 통해 화자의 태도가 '기원'이라는 점을 알 수 있다. 그리고 '-습니다'를 통해 청자가 화자보다 나이가 많거나 지위가 높다는 것, 그리고 격식을 갖춘 대화라는 점 등을 알 수 있다.

(1)에서 설명한 서술어 보유 정보들을 순서대로 정리해보면 (2)와 같다.

**(2)** 가. 화자가 청자보다 나이가 많거나 지위가 높은지 아닌지를 알 수 있다.

　　　 나. 서술어와 한 쌍이 되는 주어가 화자보다 나이가 많거나 지위가 높은지 아닌지를 알 수 있다.

---

3　상에 대해서는 제 2부에서 자세히 설명할 것이다.

다. 문장 속 동작이나 상태가 과거인지 현재인지 미래인지 알 수 있다.

라. 문장 속 동작이 진행 중인지 끝난 것인지 알 수 있다.

마. 문장에 대한 화자의 태도를 알 수 있다.

바. 서술어의 대상이 되는 사람이 화자보다 나이가 많거나 지위가 높은지 아닌지를 알 수 있다.

(2가)를 상대 높임법이라 하고, (2나)를 주체 높임법이라고 한다. (2바)는 객체 높임법이라 불린다. (2다)는 시제이고, (2라)는 상이다. (2마)는 양태라 불리는 문법으로, 한국어 문법 중 적지 않은 부분을 차지한다. 앞으로 많이 공부하게 될 내용이다.]

그리고 여기에서는 설명하지 않았지만, 서술어를 통해 문장의 종류도 알 수 있다. 이에 대해서는 제2부에서 설명하도록 한다.

정리하자면 한국어의 서술어는 높임법, 시제, 상, 양태, 문장의 종류를 정보로 보유하고 있는 집합체라 할 수 있다.

1. 여러분의 언어와 한국어는 어떠한 차이가 있습니까?

2. 한국어 연결어미에는 그밖에 어떤 것들이 있는지 말해 봅시다.

3. 여러분의 언어에서는 서술어에서 어떤 정보를 읽을 수 있습니까?

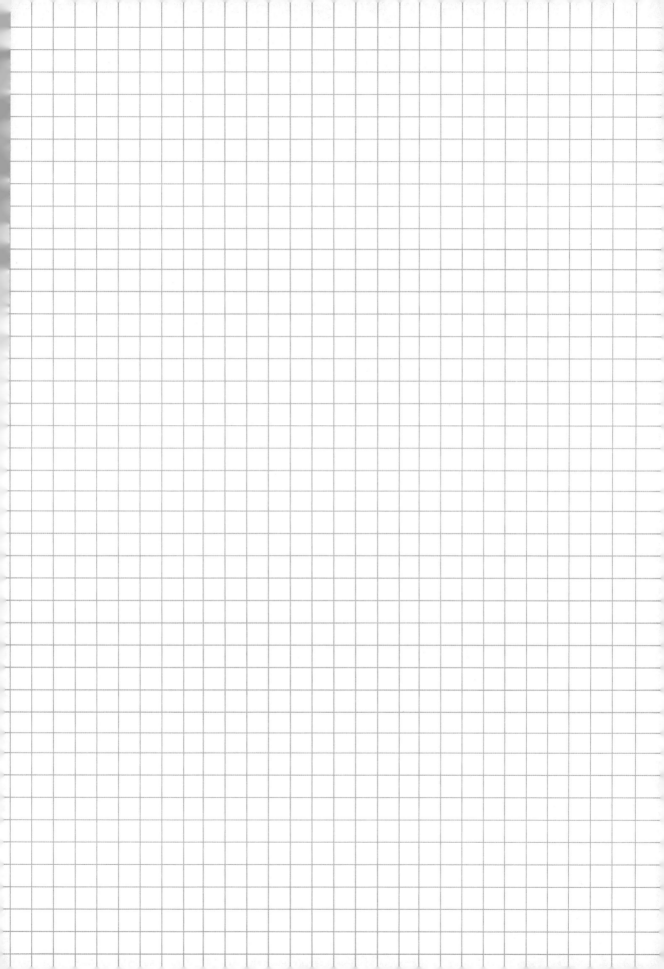

# 2강
# 한국어 문장성분(1): 주성분

1. "10년 뒤에 나는 세계여행을 할 것이다." 이 문장을 네 부분으로 나누어 봅시다.

2. 1번의 문장에서 문장이 성립되기 위해 반드시 필요한 것은 무엇입니까?

3. 두 번째 질문을 여러분의 언어로 번역하여 생각해 봅시다. 여러분의 언어에서 문장을 만들기 위해 반드시 필요한 것은 무엇입니까? 한국어와 같습니까, 다릅니까?

## 2.1. 문장성분

'성분'이 무엇일까? 음료수나 과자 포장 뒷면에는 그것을 만든 성분이 표시되어 있다. 음료수에는 과일, 설탕 등이 적혀 있을 것이고, 과자에는 밀가루, 설탕, 소금 등이 성분에 포함되어 있을 것이다.

문장에도 성분이 있다. 문장에도 그것을 이루는 성분들로 구분할 수 있다. 앞에서 말한 '주어', '서술어' 같은 것들이 그것이다.

문장성분은 크게 세 가지로 나뉜다. 문장을 만들기 위해 반드시 필요한 주성분과 이 주성분에 붙어 있으면서 수식의 역할을 담당하는 부속성분, 그리고 필수도 아니고 문장 의미에 영향을 주지도 않지만 문장에 포함되어 있는 독립성분이 있다.

2강에서는 주성분부터 차례로 살펴보도록 한다.

## 2.2. 주어

'주어'란 문장의 주체가 되는 말로 서술어의 주인이다. 한국어의 주어는 보통 '이/가'나 '께서'가 붙어 있다. 상황에 따라 주제어(topic)를 나타내는 조사 '은/는'이 붙기도 한다.

**(1)** 가. <u>책상이</u> 높고 <u>의자가</u> 낮다.

　　나. <u>아버지께서</u> 학교에 오셨다.

　　다. <u>친구 하나가</u> 나를 찾아왔다.

　　라. <u>이곳이</u> 제일 아름답구나.

　　마. <u>나는</u> 중국 사람입니다.

　　바. <u>학교에서</u> 방학에도 나오라고 합니다.

(1가)에서는 '책상이'와 '의자가'가 각각 서술어 '높고'와 '낮다'와 짝을 맞춘 주어가 된다. (1나)에서는 '아버지께서'가 주어이다. '아버지'가 '오셨다'의 주체이고, 화자보다 나이가 많기 때문에 '께서'가 붙어있다. (1다)의 주어는 '친구 하나'인데, 하나라는 수사(숫자를 세는 말)[4]이 주어가 된 경우이다. (1라)는 대명사(장소 이름을 대신 하는 말)가 주어가 되었다. (1마)는 '이/가', '께서'가 붙지 않고 대신 '는'이 붙은 '나는'이 주어이다. '중국 사람입니다'의 주체가 '나'이기 때문이다. 왜 '은/는'이 붙어있는지는 품사 설명 중 조사를 설명하며 자세히 이야기할 것이다.

한편, (1바)의 주어는 특이하다. '나오라고 말합니다'의 주체가 '학교에서', 즉 장소이기 때문이다. 장소를 나타낼 때 쓰는 '에서'가 붙은 말이 주어가 될 수 있을까? 될 수 있다. 의미상 서술어와 짝을 이루고 있기 때문에 주어라 할 수 있다.

---

4　'한국어의 품사 설명: 체언'에서 자세히 보도록 한다.

## 2.3. 서술어

주어와 쌍을 이루어 문장의 주체가 무엇을 하는지, 상태가 어떠한지를 설명하는 말을 '서술어'라고 한다. 한국어에서는 움직임을 나타내는 어휘인 동사, 상태를 나타내는 어휘인 형용사, 그리고 '이다'가 붙은 말이 서술어가 된다.

**(2)** 가. 승우가 커피를 <u>마신다</u>.

나. 하늘이 <u>파랗다</u>.

다. 나의 전공은 <u>한국어이다</u>.

(2가)의 서술어는 '마신다'이다. '마신다'가 주어 '윤우가'가 하는 행동을 설명하고 있다. (2나)의 서술어는 '파랗다'이다. '하늘이'라는 주어의 상태를 설명하고 있다. (2다)의 서술어는 '한국어이다'이다. '나의 전공은'이라는 주어와 쌍을 이루면서 주어를 설명하고 있기 때문이다.

1강에서 보았듯 한국어의 서술어는 어간과 어미로 나뉘고, 어미에서 높임, 시제, 상, 양태, 문장의 종류를 알 수 있다. 이러한 정보 전달 외에도 서술어는 주어 외에 어떠한 문장 성분을 선택할지 그 종류를 결정하기도 한다.

**(3)** 가. 아기가 <u>잔다</u>.

나. 아이가 우유를 <u>마신다</u>.

다. 엄마가 아이에게 선물을 <u>준다</u>.

(3가)의 서술어는 주어 하나만을 필요로 한다. 그러나 (3나)의 '마신다'라는 서술어가 문장에서 제대로 쓰이기 위해서는 '아이가'라는 주어와 '우유를'이라는 말이 필요하다. (3

다)의 '준다'라는 서술어는 '엄마가', '아이에게', '선물을' 이 세 가지를 요구한다. 이를 정리하면 다음과 같다.

**(4)** 가. 한 자리 서술어: 자다, 서다, 앉다, 웃다, 울다 등의 동사와 대부분의 형용사

　　나. 두 자리 서술어: 먹다, 마시다, 하다, 잡다, 읽다 등의 동사와 같다, 다르다 등의 형용사

　　다. 세 자리 서술어: 주다, 받다, 만들다, 삼다 등의 동사

한 자리 서술어라면, 주어 하나만을 요구하고, 두 자리 서술어라면 주어와 또 하나의 문장성분을, 세 자리 서술어라면 주어와 그 밖의 문장성분 두 개를 더 요구한다. 이러한 서술어 가운데는 '자다'나 '받다', '만들다'처럼 자리 수를 넘나드는 것도 있다.

**(5)** 가. 동생이 잔다.

　　가'. 동생이 잠을 잔다.

　　나. 형이 상을 받았다.

　　나' 형이 아버지에게 용돈을 받았다.

　　다. 룸메이트가 한국음식을 만들었다.

　　다'. 룸메이트가 딸기로 주스를 만들었다.

(5가)의 쌍에서 '자다'는 한 자리 서술어가 되기도 하고, 두 자리 서술어가 되기도 한다. (5나)와 (5다)의 쌍에서 '받다'와 '만들다'는 두 자리 서술어가 되기도 하고, 세 자리 서술어가 되기도 한다.

## 2.4. 목적어

동사 중에는 반드시 대상이 있어야만 의미가 완성되는 것들이 있다. '예쁘다', '울다'와 같은 서술어는 '누가?'라는 질문에 대답할 수 있는 주어만 있어도 충분하다. 그러나 '읽다'라는 말은 '누가?'라는 질문에 대답하는 것으로 충분하지 않다.

그렇다면 '읽다'가 있는 문장에는 주어 외에 무엇이 필요할까? '무엇을'이 필요하다. '책'이나 '일기장', '문자 메시지' 등이 '무엇을'에 해당될 것이고 이러한 것들을 '목적어'라고 한다. 한국어에서는 대개 목적격 조사 '을/를'이 붙어 목적어임을 나타낸다.

(6) 가. 나는 <u>라면을</u> 샀다.

나. 동생은 <u>노래를</u> 불렀다.

그러나 목적어 자리에 반드시 '을/를'만 있는 것은 아니기 때문에 문장의 의미를 잘 파악해야 한다. '도'나 '은/는', '만' 같은 보조사[5]가 '을/를' 자리에 올 수 있다.

(7) 가. 나는 <u>달걀도</u> 샀다.

나. 동생은 <u>노래만</u> 불렀다.

일반적으로 서술어가 목적어의 성격을 결정하지만, 목적어가 서술어를 결정하는 경우도 있다.

(8) 가. 나는 <u>할머니를</u> 모시고 갔습니다.

---

5   조사에는 격조사와 보조사가 있다. 이에 대해서는 품사를 설명하며 자세히 설명할 것이다. 이 절에서는 '은/는', '도', '만' 정도를 기억해두도록 하자.

나. 동생이 학교에 <u>강아지</u>(?햄스터/??물고기)를 데리고 왔습니다.

(8가)에서 목적어인 할머니는 화자보다 나이가 많기 때문에 '데리다' 대신 '모시다'를 써야 한다. 한편, (8나)는 생각해 볼 문장이다. 목적어가 사람일 경우만 '데리다'를 선택해야하는데, 한국 사람들은 강아지나 고양이에 대해서도 '데리다'를 선택한다. 그러나 뱀이라든지 거미와 같은 종류는 '데리고 오다' 대신 '가지고 오다'를 쓴다. 즉 목적어의 성격이 서술어를 결정할 수 있다는 의미이다.

## 3.1. 보어

'보어'는 보충해주는 말이라는 뜻이다. 한국어의 '되다'와 '아니다' 두 개의 서술어는 특별하다. 한 자리 서술어도 아니고, 그렇다고 목적어가 필요한 것도 아니다. 대신 보충하는 말 '무엇이'가 필요하다. 이때 문장의 모습은 [무엇이1 [무엇이2 되다]]와 같은 형태가되는데, [무엇이2 되다] 구문 속 '무엇이2'가 보어다. 보어에도 조사 '이/가'가 붙는다.

**(9)** 가. 물이 <u>얼음이</u> 되었다.

　　　나. 내 아내는 한국 <u>사람이</u> 아니다.

(9가)의 문장성분을 분석해보자. 우선 주어는 '물이'다. '물이'와 한쌍이 되는 서술어는 '되었다'이다. 그렇다면 '얼음이'는 무엇인가? 바로 보어이다.

(9나)를 보자. '내 아내는'이 주어이고 이와 쌍을 이루는 서술어는 '아니다'이다. 그럼 무엇이 아닌가? 바로 '한국 사람이'다. 이것이 보어인 것이다.

한국어의 보어는 특별해서 다른 언어와는 차이점이 많다. 한국어에서는 오직 '되다', '아니다' 앞에 있는 문장성분만을 보어라고 일컫는다.

1. 여러분 언어의 문장에서 주어는 어떻게 알 수 있습니까? 주어임을 알 수 있는 방법을 말해 봅시다.

2. 여러분 언어의 문장에서 목적어는 어떻게 알 수 있습니까? 목적어임을 알 수 있는 방법을 말해 봅시다.

3. 여러분 언어에도 보어가 있습니까? 보어가 있다면, 어떻게 보어임을 알 수 있습니까? 보어가 없다면 주성분으로 어떤 성분이 있습니까?

# 3강
# 한국어의 문장성분(2): 부속성분, 독립성

## ⊙⊙ 생각하기

1. '부속'이라는 어휘에 대해 생각해 봅시다. '부속'이라는 어휘를 어디에서 들어보았습니까?

2. '수식'이 무엇입니까? '한정'이 무엇입니까? 각각의 어휘 뜻을 생각해 봅시다.

3. "정민아, 나는 점심에 매운 떡볶이를 먹었는데 너는 무엇을 먹었어?"이 문장에서 없어도 되는 말은 무엇입니까?

# 그리고 어순

　주어, 서술어, 목적어, 보어는 문장의 '주성분'인 반면, 관형어와 부사어는 '부속성분'이라 불린다. '부속'이라는 말은 무엇에 속해 있다는 뜻이다. 즉, 관형어는 주로 명사와 같은 말을 설명해주는 데 쓰이므로 명사와 같은 말에 속해 있다고 할 수 있다. 부사어는 주로 동사와 같은 말을 설명해주는 데 쓰이므로 동사와 같은 말에 속해 있다고 할 수 있다.

　한편 '독립성분'은 문장성분 중 독립되어 있으면서 다른 성분에 영향을 주지 않는 독립어 하나만을 일컫는다.

　이 절에서는 먼저 부속성분인 관형어와 부사어에 대해 살펴보고, 이어 독립성분을 공부할 것이다. 마지막으로 주어와 목적어, 보어, 관형어와 부사어, 독립어의 어순에 대해 이야기할 것이다.

## 3.1. 관형어

　명사와 같은 말들(체언)은 홀로 쓰이기도 하지만 앞에 오는 다른 말의 설명을 받기도 한다. 이때의 설명을 '수식' 또는 '한정'이라고 하는데, 수식하거나 한정하는 말을 '관형어'라고 한다. 관형사라 불리는 것들(새, 헌, 딴, 한, 그 등), 조사 '의'가 붙은 말, '-(으)ㄴ/는/(으)ㄹ' 이 붙은 것들이 이에 속한다. 또한 명사가 그대로 관형어가 되기도 한다.

**(1)**　가. 이 사람을 아십니까?

　　　나. 너의 이야기를 듣고 싶다.

　　　다. 좋은 향기가 난다.

라. 나는 요리 도구를 샀다.

마. 이것은 내가 키운 꽃입니다.

(1가)의 '이'는 지시 관형사라 불리는 것이 관형어가 된 것이다. (1나)에서는 '너의'가 '이야기'를 수식하고 있기 때문에 관형어가 된다. (1다)에서 '향기'는 관형어 '좋은'의 수식을 받고 있다. (1라)의 '도구'는 '요리'의 수식을 받고 있는데, 명사가 별다른 변화 없이 그대로 관형어의 기능을 하고 있는 예이다. (1마)에서는 '내가 키우다'라는 문장이 모양을 바꿔 '꽃'을 수식하고 있음을 볼 수 있다.[6]

이러한 관형어는 부속성분이기 때문에 생략해도 문제가 없는 경우가 많다. 그러나 다음과 같은 상황에서는 반드시 관형어가 있어야 한다.

**(2)** 가. 그 옷은 언니의 것이다.

나. 이 음식은 매운 편이다.

다. 그것에 대해 저는 아는 바가 없습니다.

라. 그 일은 내가 미안할 따름이다.

(2)는 모두 관형어가 포함된 예문들이다. 이때 순서대로 '것', '편', '바', '따름'은 명사인데, 혼자 쓰일 수 없어 '의존명사'라 불리는 것들이다. 이러한 의존명사들은 관형어의 도움 없이 홀로 쓰일 수 없다.

---

6  (1마)와 같이 문장이 다른 말을 수식하거나 한정하는 경우, 특별히 '관형절'이라 부른다. 이에 대해서는 제2부에서 다시 다룰 것이다

(2가)에서는 관형어 '언니의'가 '것'을 수식하고 있고, (3나)에서는 '매운'이라는 관형어가 의존명사 '편'을 수식하고 있다.

(3다)에서는 '아는'이라는 관형어가 '바'라는 의존명사를 수식하고 있고, (3라)에서는 '미안할'이 '따름'을 수식하고 있다.

이때 '따름'이나 '뿐'과 같은 의존명사는 항상 '-(으)ㄹ'형 관형어만 취할 수 있음을 알아 두어야 한다.

**(3)** 가. 그 소식을 듣고 기뻐할(*기뻐한/*기뻐하는) 따름이다.

나. 시험을 앞두고 있어서 공부만 열심히 할(*한/*하는) 뿐이다.

## 3.2. 부사어

체언(명사, 대명사, 수사 등)[7] 외의 것들을 수식하는 성분, 또는 동사와 형용사의 내용을 한정하는 성분을 모두 부사어라 일컫는다. '매우', '아주'와 같은, 동사나 형용사를 수식하는 말(부사) 자체가 부사어가 되는 경우, 체언에 '에'나 '에서', '에게', '께', '(으)로', '와/과', '부터', '까지' 등이 붙은 경우, 동사나 형용사의 어간 뒤에 '-게'가 붙은 경우 등이 있다.

**(4)** 가. 나는 그 그림이 아주 좋았다.

나. 도서관에 사람들이 많다.

---

7   체언에 대해서는 다음 장에서 배울 것이다. '나무', '고양이'와 같은 명사, '너', '우리'와 같은 대명사, '하나', '둘', '열' 과 같은 수사가 이에 속한다.

다. 저는 한국에서 유학을 하고 있습니다.

라. 저는 동생에게 용돈을 주었습니다.

마. 동생이 할머니께 선물을 주었습니다.

바. 아이들은 종이로 비행기를 만들었다.

사. 나는 아빠와 다르다.

아. KTX를 타면 서울부터 부산까지 갈 수 있다.

자. 방을 깨끗하게 청소했다.

(4가)에서 '아주'는 '좋았다'를 수식하는 부사어이다. (4나)의 '도서관에'는 사람이 많은 장소를 한정하는 장소 부사어이다. (4다)도 '한국에서'는 유학을 하고 있는 장소를 한정하는 장소 부사어이다. (4라)의 '동생에게'는 용돈을 주는 대상을 한정적으로 설명하고 있다. (4마) 역시 '할머니께'가 선물을 주는 대상을 나타내는 부사어이다.

(4바)의 '종이로'는 도구를 한정하는 부사어이고, (4사)의 '아빠와'도 '다르다'에 속해 있으면서 어떻게 다른지를 설명하고 있는 부사어이다. (4아)에는 두 개의 부사어가 들어 있는데, '서울부터', '부산까지'가 그것이다. '서울부터', '부산까지'는 '갈 수 있다'를 한정하는 부사어이다. 마지막으로 (4자)의 '깨끗하게'는 형용사 '깨끗하다'에 '–게'가 붙어 부사어를 이룬 예이다.

이와 같은 부사어는 문장의 주성분이 아니다. 그러나 (4사)와 같이 서술어에 따라서는 부사어가 필수적인 성분이 될 때도 있다. 이러한 것들을 '필수 부사어', '필수적 부사어'라 한다. 이에 견주어 생략해도 의미에 큰 영향을 주지 않는 것을 '수의적 부사어'라 한다. 필수 부사어를 요구하는 서술어는 다음과 같다.

**(5)** 가. 주다, 보내다: 친구들이 나에게 선물을 주었다.

　　나. 삼다: 교수님이 나를 제자로 삼으셨다.

　　다. 넣다: 냄비에 라면을 넣었다.

　　라. 두다: 책상 위에 컵을 두었다.

　　마. 같다: 네가 입은 옷은 내 옷과 같다.

　　바. 비슷하다: 언니의 목소리는 엄마의 목소리와 비슷하다.

　　마. 닮다: 나는 아빠와 닮았다.

　　사. 다르다: 한국의 날씨는 내 고향의 날씨와 다르다.


(5가)에서 부사어는 '나에게'인데 이 문장에서 '나에게'를 빼면 불완전한 의미를 갖게 된다. 앞서 서술어에서 살펴본 것처럼 '주다'나 '보내다', '받다' 등은 세 자리 서술어이기 때문이다. (5나) 역시 '제자로'라는 부사어를 생략한다면 의미를 바르게 전달할 수 없다.

'넣다'라는 서술어도 '넣는 곳'을 필수적으로 요구한다. '두다'도 마찬가지다. '책상 위에'와 같은 장소 부사어가 필요하다. (4마, 바, 마, 사)는 모두 '와/과'가 붙은 부사어가 있어야만 완전해지는 문장이다. 각각 '옷과', '목소리와', '아빠와', '날씨와'를 빼면 제대로 이해할 수 없는 문장이 된다.

## 3.3. 독립어

독립성분에는 독립어 하나가 존재한다. 독립어는 문장에서 다른 말과 관계없이 쓰이는 문장성분을 일컫는다. 깜짝 놀라는 감탄사와 같은 말이나, 사람의 이름을 부를 때 쓰는 '아', '야', '여' 등이 붙은 형태, 문장 앞에 쉼표(,)로 붙어있는 '네', '아니요', 마지막으로 '그러나', '그런데'와 같은 접속 부사 등이 이에 속한다.

**(6)** 가. <u>아,</u> 유학생활이 힘들구나.

　　나. <u>앗,</u> 깜짝 놀랐잖아!

　　다. <u>선희야,</u> 나랑 놀자.

　　라. <u>신이시여,</u> 왜 이 사고를 보고만 계십니까?

　　마. <u>네,</u> 맞습니다.

　　바. 밤새 눈이 많이 내렸다. <u>그러나</u> 쌓이지는 않았다.


　　(6가, 나)의 '아'와 같은 부류들, '앗', '아하', '휴' 같은 말들이 대표적인 독립어이다. 문장의 다른 성분들과 아무런 관련이 없고 독립적이다. (6다)의 '선희야'도 다른 문장성분과 직접적인 상관이 없으니 독립어로 구분한다. (6라)의 '신이시여'의 '이시여'는 '이시다'에 이름을 부를 때 쓰는 조사 '여'가 붙어 굳어진 말로, 상대를 높여 부를 때 쓰는 표현이다. 이 또한 독립어를 만든다. (6마)의 '네'의 경우, 한 문장 안에 쓰여 있으면서 쉼표(,)로 이어져 있으면 독립어이다.

　　(6바)의 '그러나'는 접속 부사라는 이름을 갖고 있어, 기본적으로 부사어로 볼 수도 있으나, 문장성분과 관계가 없으니 독립어로 구분하는 것이 좋을 것이다.


## 3.4. 문장성분과 어순

　　이상으로 한국어의 문장성분을 모두 살펴보았다. 총 7개의 문장성분은 하나의 문장 안에서 자기 자리를 갖는데 이를 '어순'이라 한다. 한국어는 영어, 프랑스어, 스페인어 등과 같은 언어에 비해 비교적 자유로운 어순을 가지고 있다. 조사가 있는 까닭에 자리를 옮겨도 주어인지, 목적어인지를 알 수 있다. 그러나 기본 어순은 존재한다. 다음의 예를 보자.

**(7)** 가. 동생이 울었다.

　　나. 경찰이 도둑을 잡았다

　　다. 나는 선생님이 되고 싶다.

　　라. 나는 좋은 선생님이 되고 싶다.

　　마. 친구들이 고향으로 돌아갔다.

　　바. 나는 방에서 샌드위치를 먹었다.

　　사. 앗, 깜짝 놀랐어!

(7가)를 보면 주어와 서술어 자리를 알 수 있다. 한국어 문장에서 주어는 서술어보다 앞에 있다.

(7나)에서는 주어와 목적어, 그리고 서술어 자리를 알 수 있다. 목적어는 주어 다음에 오고, 서술어보다는 앞에 온다. 강조하기 위해서 목적어를 앞으로 빼는 경우도 있지만, 기본 어순은 주어, 목적어, 서술어의 순이다.

(7다)를 보면 보어의 자리를 알 수 있다. 보어는 목적어와 마찬가지로 주어 다음, 서술어보다는 앞에 온다. 주어, 보어, 서술어의 순이다.

(7라)에서는 관형어의 자리를 알 수 있다. '좋은'은 그것이 수식하는 말인 '선생님' 앞에 온다. 한국어는 항상 수식하는 말이 수식 받는 말 앞에 온다.

(7마)에서는 부사어의 위치를 알 수 있다. '돌아가다'는 방향을 가리키는 말을 반드시 필요로 하는 까닭에 '(으)로'가 붙은 부사어가 있어야 한다. 그런 이유로 필수 부사어의 자리는 목적어나 보어의 자리와 같다. 주어 다음에 오고 서술어 앞에 온다.

한편, (7바)를 보면 부사어의 자리가 이동한 것을 알 수 있다. (7바)의 부사어 '방에서'는 문장 속 행동의 공간을 한정하는 말로 문장 전체를 한정한다고 보아도 좋다. 따라서 장소 부사어인 '방에서'의 위치는 '나는' 앞이어도 좋고 '먹었다' 앞이어도 좋다.

그러나 이 문장에 '먹었다'만을 수식하는 '좀'이 있다면, '나는 방에서 샌드위치를 좀 먹었다'와 같은 어순을 이룬다. '좀'이라는 부사어가 수식하고자 하는 말 바로 앞에 와야 하기 때문이다. '좀'이 수식하는 말은 '나는'이나 '방에서', '샌드위치를'이 아니라, '먹었다'이기 때문이다.

(7사)는 독립어의 위치를 보여준다. 독립어는 주로 본 문장 맨 앞에 오는 것이 특징이다. 이를 정리하면 다음과 같다.


(8) 한국어의 문장 어순

　　　가. 주어 – 서술어

　　　나. 주어 – 목적어 – 서술어

　　　다. 주어 – 보어 – 서술어

　　　라. 관형어 – 체언(명사, 대명사, 수사)

　　　마. 주어 – 필수 부사어 – 서술어

　　　바. 성분 부사어 – 서술어

　　　사. 수의적 부사어의 위치는 비교적 자유로움

　　　아. 독립어 – 본 문장

1. 필수적 부사어와 수의적 부사어에 대해서 정리해 봅시다. 두 부사어를 확실히 구분할 수 있습니까?

2. 여러분 언어의 독립어에 대해서 이야기해 봅시다. 깜짝 놀랄 때 쓰는 말, 사람을 부를 때 쓰는 말 등에 대해 알아보고 함께 이야기해 봅시다.

3. 여러분의 언어와 한국어의 어순을 비교하며 이야기해 봅시다. 무엇이 같고 무엇이 다릅니까?

# 4강
# 한국어의 품사(1): 체언

1. 한국어에는 명사 말고 어떤 품사가 있습니까? 한국어를 공부하면서 알게 된 품사에는 어떤 것이 있는지 생각해 봅시다.

2. '나'와 '저'는 어떻게 다릅니까? '너'와 '당신'은 어떻게 다릅니까? 그 쓰임에 대해 생각해 봅시다.

3. '하나, 둘, 셋, 넷, 다섯'과 '한, 두, 세, 네, 다섯'의 쓰임에 대해 생각해봅시다.

한국어 문법을 공부하는 이유는 말을 하거나 글을 쓸 때 상황과 문맥에 맞는 적절한 문법을 선택하여 사용하기 위해서이다. 적절한 문법을 안다는 것은 문법의 의미와 기능을 안다는 뜻이다. 이를 깊이 있게 이해하기 위해서는 먼저 문법의 기초가 되는 '문장성분'과 '품사'를 이해하고 있어야 한다.

앞에서 살펴본 것은 7개의 문장성분이었다. 지금부터는 9개의 한국어 품사에 대해 공부해 보도록 한다.

'품사'란 특성이 비슷한 것끼리 모아 놓은 어휘 범주이다. 한국어는 명사를 비롯하여 대명사, 수사, 동사, 형용사, 관형사, 부사, 조사, 감탄사 등 총 9개의 품사를 가지고 있다.

| 구분 | 품사 | 예 |
|---|---|---|
| 체언 | 명사 | 학교, 세종대왕, 것 등 |
| | 대명사 | 이, 그, 저 등 |
| | 수사 | 하나, 둘, 셋, 백 등 |
| 용언 | 동사 | 가다, 먹다, 걸리다, 듣다 등 |
| | 형용사 | 예쁘다, 피곤하다, 젊다 등 |
| | (이다) | 학생이다, 최고다 |
| 수식언 | 관형사 | 새, 헌, 한, 스무, 이, 그 등 |
| | 부사 | 아직, 미처, 비록, 도대체 등 |
| 관계언 | 조사 | 이/가, 도, 까지 등 |
| 독립언 | 감탄사 | 아, 어머나, 네 등 |

명사, 대명사, 수사 세 가지를 묶어 '체언'이라 한다. 체언은 문장에서 주체적인 역할을 한다. 본 강에서는 명사, 대명사, 수사 순으로 체언에 대해 공부해 보도록 한다.

## 4.1. 명사

명사는 사람이나 사물의 이름을 나타내는 말로 다음의 몇 가지로 구분된다.

| 보통 명사 | 고유 명사 |
|---|---|
| 사람, 차, 바다, 학교 등 | 이순신, 한국, 한라산 등 |

| 구체 명사 | 추상 명사 |
|---|---|
| 차, 연필, 신발 등 | 사랑, 기대, 영원 등 |

| 유정 명사 | 무정 명사 |
|---|---|
| 언니, 친구, 고양이 등 | 책상, 감기, 양파 등 |

| 자립 명사 | 의존 명사 |
|---|---|
| 커피, 세종대왕, 한국어 등 | 것, 곳, 권, 분 등 |

'사람'이라 하면, 선생님이나 친구, 형 등을 모두 가리킬 수 있다. 그러나 거북선을 만들어 전쟁을 승리로 이끈 조선시대 장군은 '이순신' 한 사람이다. 이때 '사람'은 **보통 명사,** '거북선'이나 '이순신' 같은 유일한 것들은 **고유 명사**로 구분한다.

'차'나 '연필'은 직접 보거나 만질 수 있는 구체 명사이고, '사랑'이나 '기대' 등은 생각 속에 존재하는 **추상 명사**이다.

'언니', '고양이' 등은 스스로 생각하고 느낄 수 있는 **유정 명사**인 반면에, '책상', '감기' 등은 생각이나 의지가 없는 **무정 명사**이다.

마지막으로 '커피', '세종대왕' 등은 홀로 쓰일 수 있는 **자립 명사**인 반면, '것', '곳' 등은 앞에 다른 말이 필요한 **의존 명사**이다.

한국어 명사에서 눈 여겨 봐야 할 부분은 다음과 같다.

## [1] 단위 명사

한국어 명사에는 '단위 명사'가 많다. 단위 명사란 사람이나 사물을 세는 명사이다. 앞에 다른 말이 있어야 하는 의존 명사 부류도 있고, 보통 명사가 단위 명사처럼 쓰이는 경우도 있다.

**(1)**  가. 종이가 한 장도 없다.

나. 영화 다섯 편을 봤다.

다. 사과를 한 상자 샀다.

(1가)에서 '장'은 종이를 세는 단위로 단위 명사이자 의존 명사이다. (1나)에서 '편'은 영화나 책, 시 등 이야기를 세는 단위 명사로 역시 의존 명사에 해당한다. 그러나 (1다)의 '상자'는 보통 명사이다. 보통 명사이면서 때로 단위 명사 역할을 하고 있는 것이다.

## [2] 복수 접미사 '-들'

한국어는 영어나 스페인어 등과 달리 단수와 복수의 구분이 엄격하지 않다. 명사가 복수일 때 '-들'을 붙여 '친구들'로 바꿔 쓸 수 있으나 필수적이지 않다. 하나가 아니라 여럿이라는 사실을 특별히 강조하고자 할 때 '-들'을 붙여 쓴다.

**(2)**  가. 교실에 학생이 많다.(=교실에 학생들이 많다.)

나. 학생들은 서로 칭찬을 해주었다.(*학생은 서로 칭찬을 해주었다.)

(2가)에서 '많다'라는 어휘의 의미를 통해 '학생'이 한 명이 아니라 여러 명임을 알 수 있다. 따라서 '학생들'이라고 써도 무방하다. 반면 (2나)는 반드시 '학생들'이라고 써야지 '학생'이라고만 써서는 안 된다. '서로'라는 말이 있기 때문에 주어가 둘 이상이어야 한다. 그러나 대개의 명사는 단수와 복수를 구분하지 않는다.

## [3] 한자어와 외래어, 고유어

한국어 명사에는 순수한 한국의 고유어 외에 한자어와 외래어가 공존한다. 한자어는 옛날 중국어에서 온 말이 한국어로 굳어져 쓰이는 말이다. 외래어는 주로 영어나 프랑스어와 같은 다른 나라 말이 한국어로 굳어져 쓰이는 말이다. 따라서 한자어도 넓게 보면 외래어에 속한다.

한자어와 고유어는 대응되는 말이 있다. 그래서 뜻이 같을 때도 있고 비슷해 보일 때도 있다. 하지만 대부분 사용되는 영역이 다른 경우가 많다.

외래어는 대응되는 한국어가 없어 외국어가 그대로 사용되는 말이다. 그러나 최근 들어서는 대응되는 말이 있음에도 외국어를 그대로 사용하는 경우도 많다.

**(3)** 가. 고유어: 냄새, 사람, 헤엄 등

나. 한자어: 향기, 인간, 수영 등

다. 외래어: 컴퓨터, 티(tea), 네티즌 등

(3가)와 (3나)를 비교하며 보면 좋다. '냄새'와 '향기'는 서로 대응하는 말인데, 주로 좋은 냄새를 '향기'라고 부르는 경향이 있다. '사람'과 '헤엄'도 '인간'과 '수영'에 각각 대응되

는데, 쓰임이 다르다. '거리에 사람이 많다.'는 말은 자연스럽지만, '거리에 인간이 많다.' 는 특별한 상황에서 쓰이는 문장으로 받아들여진다. 스포츠 종목 중 하나로 '수영'을 이야기하는 것은 자연스럽지만, '헤엄'이라고 말하는 것은 부자연스럽다.

한편 (3다)를 보자. 기본적으로 새롭게 만들어지는 물건이나 현상이 있으면, 최초로 붙여진 이름을 들여오기 때문에 외국어가 그대로 쓰이는 경우가 많다. 그것을 외래어라 부르고 '컴퓨터'가 대표적인 예이다. 과학기술이 발전하면서 외래어는 점점 더 증가하고 있다. 그런데 '티'의 경우 이미 한국어로 '차'가 존재하는데도 외래어로 자리 잡은 예이다. '네티즌'은 국립국어원에서 고유어인 '누리꾼'으로 순화하여 쓰자고 주장하고 있지만 아직도 널리 사용되고 있다.

일반적으로 법이나 정치 분야에서는 한자어가 많이 쓰인다. 새로운 산업인 IT 방면에서는 영어를 비롯한 유럽 언어들이 외래어로 자리 잡고 있는 추세이다.

최근 들어서는 '휴대폰', '헛스윙', '골대'처럼 고유어, 한자어, 외래어가 하나의 단어를 이루는 경우도 많다.


## [4] 성 구분이 없는 명사

한국어 명사는 수에 따라 변하지 않는 것도 특징이지만, 성에 따른 변화도 없다. 이것은 영어나 프랑스어, 스페인어 등 유럽어들과 다른 한국어의 특징이다.

특히 프랑스어는 명사가 여성인지 남성인지에 따라 모양이 바뀌고 형용사 등도 변하지만 한국어는 그렇지 않다.


**(4)** 가. <u>소녀</u>가 아름답다. / <u>소년</u>이 아름답다.

　　나. <u>La fille</u> est belle / <u>Le garçon</u> est beau.

(4가)에서 한국어는 여자인지 남자인지 어휘만 달라졌을 뿐, 그 외의 어떤 것도 변하지 않았다. 반면, (4나)를 보자. 프랑스어의 경우 명사는 기본적으로 성을 갖는다. 여성인지 남성인지 구분이 되고 그에 따라 관사가 결정되는 것이다. 보는 바와 같이 소녀(fille) 앞에 붙은 관사와 소년(garçon) 앞에 붙은 관사가 다르다. 그리고 이들 명사는 뒤에 오는 형용사의 모양도 변화시키고 있다.

## 4.2. 대명사

'대명사'는 사람이나 사물, 장소나 방향을 직접 가리킬 때 사용하는 말이다. 한국어의 대명사는 크게 지시 대명사와 인칭 대명사로 나눌 수 있다.

## [1] 지시 대명사

사람이 아닌 것들, 물건과 장소, 현상 등을 가리키는 대명사를 '지시 대명사'라고 한다. 기본적으로 '이', '그', '저'의 대립이 있다. 화자 가까이에 있는 것을 '이', 청자 가까이에 있는 것을 '그', 둘 다에게서 멀리 떨어진 것을 '저'라고 하며, 생각하고 있는 대상을 가리킬 때는 '그'를 쓴다.

대상이 물건일 경우 '이것/그것/저것', 장소일 경우 '이곳/그곳/저곳'이라고 하며 그밖에 '언제, 몇' 등도 이에 속한다.

**(5)** 가. 그것은 제 가방입니다.

　　　나. 이곳에서 운동을 합니다.

　　　다. 방학이 언제부터인지 모르겠다.

(5가)는 물건을 가리키고 있고, (5나)는 장소를 가리키고 있다. (5다)의 '언제'는 정확한 시간 대신에 쓰인, 알 수 없는 시간을 의미한다. [8]

## [2] 인칭 대명사

'인칭 대명사'란 사람을 직접 가리키는 말로, 1, 2, 3인칭으로 구분된다. 화자는 1인칭, 청자는 2인칭, 그 밖의 사람은 3인칭이다. 또한 높임의 정도에 따라 높임말과 예사말, 낮춤말로 나뉜다.

|  | 높임말 | 예사말 | 낮춤말 |
|---|---|---|---|
| 1인칭 | – | 나, 우리 | 저, 저희 |
| 2인칭 | 당신, 그대 | 자네, 당신 | 너, 너희, 당신 |
| 3인칭 | 이분, 그분, 저분 | 이이, 그이, 저이, | 이자, 그자, 저자 |

### ① 1인칭 대명사

1인칭 대명사는 잘 알고 있는 것처럼 '나', '우리'이다. 나를 낮춰 말하고 싶을 때, '저', '저희'라고 말한다. 이때 '우리'와 '저희'는 복수형인데, 복수접미사 '−들'을 함께 써도 되고, 쓰지 않아도 된다. '나'와 '저'는 조사 '가'와 '의'를 만났을 때 모양이 바뀐다.

(6) 가. 내가 대학생이다. [나 + 가]

나. 제가 대학생입니다. [저 + 가]

다. 이것은 내 가방이다. [나 + 의]

라. 이것은 제 가방입니다. [저 + 의]

---

8 '언제'나 '몇'은 질문 앞에 쓰이면 대명사가 아닌 부사가 된다. 문장을 읽어보고 '언제' 뒤에 조사가 붙을 수 있다고 판단되면 대명사라 봐도 좋다.

특별히 기억해야 할 내용은 다음과 같다.

**(7)** 인칭 대명사의 특성

　가. 문어체에서는 '나'를 쓰고, 문장 끝은 '-는다' 형태로 맺는다.

　나. '저'를 쓸 때에는 '-어요'나 '-습니다'로 끝맺는다.

　다. '나/저'가 화자이자 주어라는 사실이 확실하다면 생략하는 경우가 많다.

　라. 특히 말할 때는 '나/저'를 생략하는 편이 자연스러울 때가 더 많다.

(7가)와 (7나)는 문장에서 인칭 대명사 주어와 그에 따른 서술어가 어떻게 공기(함께 쓰이는 것)하는지를 설명하고 있다. (7다)와 (7라)에 대해서는 다음의 예문을 보자.

**(8)** 가. 교수님, <u>제가</u> 과제를 끝냈습니다.

　나. 교수님, 과제를 끝냈습니다.

'나/저'가 화자이고 교수님이 청자가 분명하다면, 문장 (8나)가 자연스럽다. 같은 상황에서 (8가)와 같이 말한다면, 말하는 자신을 강조한 내용으로 해석될 수 있다. 즉, 특별히 자신을 강조하고 싶지 않다면, 1인칭 주어를 쓰지 않는 것이 좋다.

**② 2인칭 대명사**

한국어에서 2인칭 대명사는 각별히 조심해야 하는 부분이다. 1인칭 대명사보다도 더 자주 생략되기 때문이다. '너'와 '너'의 복수인 '너희'는 친구 또는 아랫사람한테 쓰는 대명사인데, 이것마저도 조심스럽게 써야 한다. 즉, 아주 가까운 사람, 나이가 많이 어린 사람한테만 쓰는 것이 좋다. 앞서 본 1인칭 대명사처럼 문장의 주어가 누군지 분명한 경우, 2인칭 대명사도 안 쓰는 것이 좋다.

**(9)** 가. (친구에게) <u>너는</u> 어디가니?

　　나. (친구에게) 어디 가니?

　　다. <u>너를</u> 만나서 반가워.

　　라. 만나서 반가워.

특별히 '너'를 밝히며 말하고 싶은 것이 아니라면 (9나)와 (9라)가 더 자연스럽다.

이보다 더 까다로운 표현들이 있다. '당신', '자네', '그대'가 그것들이다. 먼저 아래 내용은 〈국립국어원〉의 표준국어대사전에서 정의하는 '당신'의 의미이다.

---

## "당신"의 뜻은?

① 청자를 가리키는 말. '–하오'체와 함께 쓴다.
　예 당신이 주인이오?

② 부부 사이에서 상대편을 높여 이르는 말.
　예 여보, 당신 오늘 일찍 들어올 수 있어요?

③ 문어체에 쓰이는 2인칭 대명사.
　예 투표! 당신의 권리이자 의무입니다.

④ 누군가와 싸울 때 청자를 낮추어 부르는 말.
　예 당신 운전을 어떻게 하는 거야?

⑤ '자기'를 아주 높여 이르는 재귀 대명사
　예 교수님께서는 당신의 가방을 책상에 내려 놓으셨다.

---

'당신'은 위와 같이 다섯 개의 용법을 갖는다. 즉 '너'의 높임말을 찾아 단순히 '당신'으로 바꿔 말한다면 실수를 범할 수 있다는 것이다.

그렇다면 실제 일상 대화에서 상대방을 부를 때는 어떻게 해야 할까? 가장 좋은 방법은 호칭(오빠, 선배 등 부르는 말)이나 직함(직업의 이름)을 부르는 것이다. 특히 직함을 부를 때는 뒤에 '-님'을 함께 붙이면 좋다.

**(10)** 가. 김 교수님! 김교수님은 언제 우리나라에 오셨어요? 김교수님은 한국이 언제 그리우세요?

　　　나. 당신의 관심이 아이들을 구합니다. – 공익광고협의회

영어와 같은 언어라면 (10가)의 두 번째, 세 번째의 김 교수님을 2인칭 대명사로 바꿔 썼을 것이다. 하지만 한국어에서는 대명사를 쓰는 것보다 직함을 그대로 쓰는 편이 자연스럽다.

단, 광고나 문어체일 경우에는 (10나)처럼 '너'의 높임으로 '당신'이 쓰이고 있음도 반드시 함께 기억해 두자.

'자네'는 청자가 화자보다 아랫사람이지만 높여 부르고 싶을 때 쓰는 대명사이다. 주로 '-하게'체[9]와 함께 쓰인다.

**(11)** 가. (교수님이 학생에게) 자네, 올해 몇 살인가?

　　　나. (사장님이 사원에게) 자네가 이쪽으로 앉게.

(11)은 모두 나이가 많거나 사회적 지위가 높은 사람이 아랫사람에게 하는 말이다. 이때 '너'를 쓰지 않고, 높여서 '자네'라고 부른다.

---

9　'하게'체에 대해서는 높임법을 공부하며 다시 살펴볼 것이다. 문장 끝이 '-게'로 끝나는 유형이다. (예: 교수님께 편지를 쓰게, 이쪽으로 오게, 열심히 하게. )

'그대'는 현대 한국어에서 노래 가사, 시 등에 주로 쓰인다. 일상생활에서 자주 쓰이지 않는 말이다.

**(12)** 가. 그대를 포기할 순 없어요. (무한궤도의 노래, 《그대에게》)

　　나. 하늘엔 별, 땅에는 꽃, 내게는 그대 (이외수의 시, 《더 이상 무엇이 필요하겠습니까?》)

(12가)는 노래 가사에 쓰인 '그대'를 보인 것이다. (12나)는 시에 '그대'가 쓰여 있다.

### ③ 3인칭 대명사

3인칭 대명사도 용법이 까다롭다. 종종 '그'나 '그녀'를 3인칭 대명사로 구분하는데, 자칫 영어를 그대로 번역한 느낌이 든다.

**(13)** 가. 그는 한국어를 전공하고 있습니다.

　　나. 그녀는 한국어를 전공하고 있습니다.

위와 같은 문장은 아래와 같이 쓰는 것이 더 자연스럽다.

**(14)** 가. 그 남자(그 남성분)은/는 한국어를 전공하고 있습니다.

　　나. 그 여자(그 여성분)은/는 한국어를 전공하고 있습니다.

'이, 그, 저'라는 지시 관형사 뒤에 보통명사 '사람, 여성분' 등을 써서 말하는 편이 훨씬 자연스럽다. 사실 더 좋은 방법은 2인칭 대명사와 같이 호칭이나 직함을 부르는 것이다. (15가)처럼 그 사람의 이름을 말하거나 (15나)와 같이 직함에 '-님'을 붙이는 방법이다.

**(15)** 가. 선호를 소개하겠습니다. 선호는 한국어를 전공하고 있습니다.

　　　나. 브라이언 교수님을 아시지요? 교수님은 영국 사람입니다.


　하지만 신문기사나 번역 소설 등에서는 '그'나 '그녀'를 쉽게 찾아볼 수 있다. 그것은 텍스트 장르에 따른 특성으로 볼 수 있는데, 일상대화에서의 쓰임과는 확연한 차이가 있으니 구분해 두면 좋을 것이다.


### ④ 부정칭 대명사와 미지칭 대명사

　모르는 사람을 가리키는 부정칭 대명사 '아무'가 있다.[10] 주로 조사 '도'와 함께 써 부정의 뜻을 가진 서술어와 문장을 이룬다. 보조사 '나', '라도' 등이 함께 쓰이면 긍정의 뜻을 가진 서술어와 함께 사용되기도 한다.


**(16)** 가. 우리나라 사람은 아무도 오지 않았어요.

　　　나. 너는 아무도 할 수 없는 일을 해냈어.

　　　다. 그 일은 아무라도 할 수 있는 일이었다.

　　　라. 그 사람은 아무에게나 사랑한다고 말하더라고.


　또한 정해지지 않은 것을 가리키는 미지칭 대명사 '누구'도 있다. 일반적으로 부정적 서술어와 함께 쓰이지만 '나', '든지', '라도' 등이 붙으면 일반 서술어와도 어울려 사용할 수 있다.


---

10　'아무'는 부정칭 관형사로도 쓰이는데 '아무' 뒤에 조사가 오는지 명사가 오는지에 차이가 있을 뿐 뜻이나 통사적 제약은 같다.
　　가.　아무 걱정도 하지 마세요.　　나.　아무 생각도 나지 않습니다.
　　다.　아무 남자나 만나지 마　　　　라.　아무 옷이라도 입고 나와.

**(17)** 가. <u>누가</u> 들으면 안 돼요.

　　　나. 이 일은 <u>누구도</u> 모르는 일이다.

　　　다. <u>누구나</u> 한 번은 겪는 일이다.

　　　라. <u>누구든지</u> 알 수 있는 문제를 내겠습니다.


　(17가)와 (17나)처럼 '누구'는 부정적인 말들과 함께 쓰이지만, (17다)와 (17라)에서 보듯이 '나', '든지'와 붙어 긍정문에 쓰이기도 한다.


## 4.3. 수사


　'수사'란 사람이나 사물의 수나 순서를 나타내는 말이다. 명사, 대명사와 함께 체언에 속한다. 따라서 조사가 바로 붙을 수 있으나 명사와 달리 관형어의 수식을 자유롭게 받지 못한다.


**(18)** 가. 계산을 다시 해봐. <u>삼백</u>에 <u>육</u>을 하면 <u>삼백육</u>이지.

　　　나. 우리에게 중요한 것이 있습니다. <u>첫째</u> 그것은 사랑입니다.

　　　다. 여기 라면 <u>둘</u> 주세요.

　　　라. *맛있는 <u>둘</u> 주세요.


　(18가)에서 '삼백', '육', '삼백육'이 수사이다. (18나)의 '첫째'도 순서를 세는 말이므로 수사이다. 수사는 특히 (18다)처럼 명사 바로 다음에 쓰여 수량을 한정하는 형태로 많이 사용된다. 수사에 대해서 잊지 말아야 할 것은 명사와 같은 체언임에도 불구하고 (18라)와 같이 관형어의 수식을 직접 받지 못한다는 것이다.

　또한 수사는 고유어 계열과 한자어 계열을 구분해야 한다.

**(19)** 가. 하나, 둘, 셋, ......, 아흔아홉, 백, 백하나, 백둘, ......

　　　나. 일, 이, 삼, ..... 구십구, 백, 백일, 백이, .......


(19가)는 고유어이다. 고유어 계열은 '백' 미만에만 존재하며, '백'은 한자어이다. 수사에서 또 알아두어야 할 것은 '하나', '둘', '셋', '넷', '스물'은 의존명사인 단위 명사 앞에서 각각 '한', '두', '세(서, 석)', '네(너, 넉)', '스무'처럼 형태가 바뀐다는 것이다. 이에 대해서는 관형사에서 다시 다루기로 한다.

**다음 상황에서 잘못된 말을 찾아 바르게 바꿔 써 보세요.**

 **(수업 후에 학생이 선생님께)**
선생님, 당신에게 감사합니다. 나는 당신의 도움을 많이 받았습니다.

**무엇이
잘못됐습니까?**

 **(선생님과 학생 대화)**
선생님: 그대의 어머니는 무슨 일을 하시니?
학생: 그녀는 의사입니다. 지금 그 의사께서는 병원에서 일하십니다.

**무엇이
잘못됐습니까?**

 식당 주인: 너는 맛있게 잘 드셨어요?
손님: 네, 나는 맛있게 잘 먹었습니다.

**무엇이
잘못됐습니까?**

 엄마: 꽃이 몇 장 있어요?
아이: 예쁜 셋이 있어요.

**무엇이
잘못됐습니까?**

# 5강
# 한국어의 품사(2): 용언

😊 생각하기

1. '동작'이라는 어휘와 '상태'라는 어휘의 의미에 대해 생각해 봅시다.

2. 여러분 언어의 서술어에도 '동작'을 구분하는 말과 '상태'를 구분하는 말이 있습니까?

3. '하얗다'라는 어휘에 '-아요' 또는 '-어요'를 붙여 보세요. 어떻게 변합니까?

## 5.1. 동사

'동사'란 '행동', '동작' 등을 표현하는 품사이다. 주로 서술어 기능을 한다. 한국어 동사는 어미 자리가 '**활용(conjugation, 活用)**'을 하면서 높임, 시제, 상 등의 정보를 전달한다. 활용하는 다른 용언, 형용사와 비교했을 때 현재 시제를 나타내는 '-ㄴ/는-' 및 '-고 있다'가 붙을 수 있다는 차별점이 있다. 다른 사람의 행동을 바꾸게 하기 위해 사용되는 문장(명령문)이나 함께 행동하자고 요청하는 문장(청유문)도 동사의 활용으로 만들어진다.

**(1)**  가. 이곳 사람들은 바다에서 물고기를 <u>잡는다</u>.

　　  나. 사람들이 <u>뛰고 있다</u>.

　　  다. (아빠가 아들에게) <u>청소해라</u>!

　　  라. (친구들에게) 같이 <u>여행 가자</u>!

(1가)에는 '잡는다'라는 동사가 포함되어 있다. '잡는다'에는 '-는-'이 포함되어 있다. (1나)에는 '뛰다'가 있는데 '-고 있다'가 붙어 있다. (1다)는 '청소하다'가 명령형으로 쓰인 문장이다. (1라)는 청유형 문장이다.

1강에서 설명한 바와 같이 한국어의 동사는 어간과 어미로 나뉘며 어미는 다시 선어말어미와 어말어미(또는 종결어미)로 나뉜다. 어간은 동사의 뜻이 있는 실질적인 부분이고,

어미는 활용하여 문법적 기능을 보여준다. '뛰시고 있을 수 있었다'라는 서술부를 예로 들어보면, 활용하는 어미의 결합 순서는 다음과 같다.

**동사의 어간과 어미, 그리고 순서**

| 어간 | 선어말 어미 | | | | 어말어미 |
|---|---|---|---|---|---|
| | 높임<br>honorific<br>敬語 | 상<br>aspect<br>相 | 양태<br>modality<br>樣態 | 시제<br>tense<br>時制 | 서법<br>mood<br>敍法 |
| 뛰– | –(으)시– | –고 있– | –(으)ㄹ 수 있– | –었– | –다 |

양태는 문장에 대한 화자의 태도이고, 한국어에서 서법은 문장의 종류를 알 수 있는 문법이다. 이에 대해서는 제2부에서 다시 이야기할 것이다.

높임 선어말 어미는 어간 가까이, 시제는 어말어미 가까이에 붙는다. 또한 각 선어말 어미의 특성에 따라 동시에 나타나거나 그렇지 않을 수 있다.


**(2)** 가. 물고기를 잡는다

| 어간 | 선어말 어미 | | | | 어말어미 |
|---|---|---|---|---|---|
| | 높임<br>honorific<br>敬語 | 상<br>aspect<br>相 | 양태<br>modality<br>樣態 | 시제<br>tense<br>時制 | 서법<br>mood<br>敍法 |
| 잡– | X | X | X | –는– | –다 |

나. 뛰고 있어요.

| 어간 | 선어말 어미 | | | | 어말어미 |
|---|---|---|---|---|---|
| | 높임<br>honorific<br>敬語 | 상<br>aspect<br>相 | 양태<br>modality<br>樣態 | 시제<br>tense<br>時制 | 서법<br>mood<br>敍法 |
| 뛰– | X | –고 있– | X | ∅ | –어요 |

(2가)는 어미에 현재시제와 서법만 쓰인 것이다. (2나)에는 상과 시제, 서법이 쓰였다. 시제의 Ø는 '영형태'라고 하는데, 현재시제가 생략되었을 때 쓰인다. '지금 책을 읽어요'와 같은 문장에서 '읽어요'가 현재시제인 것은 다른 시제 표지를 쓰지 않았다는 것에서 알 수 있는데, 이를 나타낸 것이다.

한편 동사  목적어가 반드시 있어야 하는 것들과 그렇지 않은 것들로 나누어 볼 수 있다. 목적어가 반드시 필요한 동사를 **타동사**, 목적어가 필요 없는 동사를 **자동사**라 한다.

**(3)** 가. 자동사: 앉다, 울다, 공부하다, 그리고 모든 피동사 등

   예 아기가 울었다/도둑이 잡혔다.

  나. 타동사: 먹다, 하다, 받다, 주다, 그리고 모든 사동사 등

   예 나는 선물을 받았다/ 엄마가 아이에게 밥을 먹였다.

  다. 자·타동사: 자다, 걷다, 가다 등

(3가)의 예에서 보는 바와 같이 '울다', '잡히다'는 주어만 있어도 문장이 성립된다. 반면 (3나)는 주어와 함께 목적어가 나타난다. 반면 (3다)와 같이 문맥에 따라 자동사가 되거나 타동사가 되는 동사도 있다. (4)를 보자.

**(4)** 가. 아기가 잔다.

  가'. 아기가 낮잠을 잔다.

  나. 그 여자는 계속 걸었다.

  나'. 그 여자는 산책로를 걸었다.

(4)에서 보는 바와 같이, 목적어가 나타나기도 하고 나타나지 않기도 한다. 이를 '양용

동사'라고 부르기도 한다.

동사는 의미에 따라 구분되기도 한다. 아래는 의미에 따른 분류다.

**(5)** 의미에 따른 동사 분류

　　가. 이동 동사: 가다, 오다, 다니다, 나가다 등의

　　나. 인지 동사: 알다, 모르다 등의 동사

　　다. 지각 동사: 보다, 듣다, (냄새를) 맡다, (감각을) 느끼다 등의 동사

　　라. 기원 동사: 원하다, 기대하다, 바라다, 기원하다 등의 동사

　　마. 수혜 동사: 주다, 받다, 드리다, 얻다 등의 동사

　　바. 수행 동사: 명령하다, 요청하다, 선언하다 등의 동사

　　사. 단언 동사: 주장하다, 단언하다 등의 동사

　　아. 순간 동사: 잃다, 얻다, 붙다, 묻다, 다치다 등이 동사

　　자. 완성 동사: 짓다, 만들다, 그리다, 굽다 등의 동사

(5가)의 이동동사는 '-(으)러 가다'와 같이 연결어미 '-(으)러' 뒤에 쓰일 수 있다는 특징이 있다.

(5나)의 인지 동사는 지속의 의미를 나타내는 문법 '-어 있다'와 함께 쓰일 수 없다는 특징이 있다. 왜냐하면 한 번 알게 된 것은 일반적으로 계속 지속되기 때문에 또 다시 지속의 의미를 갖는 문법과 함께 쓰일 이유가 없다.

(5다) 지각 동사는 감각기관으로 느끼는 동사의 묶음이다. 영어와 같은 경우 'be ~ing'와 결합하기 어려운 반면, 한국어는 특별한 제약 없이 두루 쓰인다.

(5라)의 기원동사는 무언가를 기대하고 원하는 동사들의 묶음이다. 주로 '-기를 바라다' 형태로 쓰인다.

(5마)는 무언가를 주거나 받는다는 의미의 동사 부류이다. 주어, 목적어 외에 '에서', '에게'가 포함된 부사어를 필요로 한다.

(5바) 수행 동사는 말이 곧 행동이 되는 동사로, '을'이나 '-라고'가 포함된 내용이 함께 쓰여 그 내용을 행한다는 의미를 갖는다.

(5사)는 어떤 사실이나 진리에 대해 확신을 나타내는 동사로, 동사 앞에 오는 내용에 주어가 확신을 갖는다는 의미로 쓰인다.

(5아)와 (5자)는 동사의 시간(어휘상)과 관련된 의미 분류이다.[11] (5아)의 동사는 그 행동이 아주 짧은 순간에 이루어질 때 쓰인다는 특징이 있다. 이 부류의 동사들은 과정이 필요한 연결어미 '-느라고'와 같은 것들과는 함께 쓰일 수 없다.

(5자)는 그 의미가 완성될 것을 전제로 하는 동사 부류다. '집을 짓다'의 경우 짓는 행위가 완성되어야만 의미가 있다. '집을 짓고 있다'라는 문장도 결국 짓는 행동을 완성할 것이라는 의미를 포함하고 있는 문장이라는 것이다.

## 5.2. 형용사

주어의 성격이나 상태를 나타내는 말들을 '형용사'라고 한다. 동사처럼 활용하며 서술어의 역할을 한다는 특징이 있다. 같은 용언이지만, 동사는 행동 또는 동작, 형용사는 성격 또는 상태를 담당한다는 점에서 차이가 있다. 이때 상태는 '어떤 모습으로 있는지'만을 의미하는 것이기 때문에 '변화'의 의미를 가질 수 없다.

예를 들어 "언니가 예쁘다"라는 문장의 뜻은 과거와 현재와 미래를 포함하여 예쁜 상태에 있다는 말이다. '아니, 예전에는 안 예뻤어.'라는 뜻을 포함시키고 싶으면 형용사를 쓰지 말고 변화, 움직임의 의미가 있는 '예뻐지다'를 써야 한다.

---

11  이에 대해서는 제2부 시제와 상에서 다시 배운다.

이러한 특성 때문에 형용사는 현재를 나타내는 '-는-'과 함께 쓰일 수 없다. 현재의 상태를 말하고 싶으면 기본 형태 그대로 써야 한다. 또한 진행 중이라는 의미의 '-고 있-'과도 결합할 수 없다. 특히 관형어를 만들 때는 현재 상태도 과거 상태도 모두 '-(으)ㄴ'으로 표현된다.

**(6)** 가. *날씨가 많이 <u>춥는다</u>. → 춥다.

나. *그 일은 나에게 매우 <u>중요하고 있다</u>. → 중요하다

다. *키가 <u>작는</u> 사람이 내 앞으로 걸어왔다. → 작은

라. <u>재미있는</u> 영화를 봤다.

그러나 (6라)와 같이 '있다'나 '없다'가 붙어 있는 형용사의 경우 관형어로 바뀔 때 각각 '재미있는', '맛없는' 등으로 쓰인다.

형용사는 의미에 따라 성상 형용사, 지시 형용사, 비교 형용사, 수량 형용사 등으로 나뉜다.

**(7)** 가. 성상 형용사: 하얗다, 붉다, 짜다, 달다, 단단하다, 부드럽다 등의 형용사

나. 지시 형용사: 이러하다(이렇다), 저러하다(저렇다), 어떠하다(어떻다) 등의 형용사

다. 비교 형용사: 같다, 다르다, 비슷하다 등의 형용사

라. 수량 형용사: 적다, 많다, 작다, 크다 등의 형용사

(7가)는 사람이나 사물의 성격 또는 상태를 표현하는 동사로 대부분의 형용사가 이에 속한다. (7나)의 지시 형용사는 사람이나 사물의 성질, 시간, 수량 따위가 어떠하다는 것을 형식적으로 나타내는 형용사이다. (7다)의 비교 형용사는 두 가지 이상을 비교하거나

대조할 때 사용하는 형용사로 주로 '와/과'와 함께 쓰인다. (7라)의 수량 형용사는 무언가의 수와 양을 이야기할 때 사용하는 형용사이다.

## 5.3. 용언의 공통적인 특성

이상으로 동사와 형용사, 즉 용언에 대해서 살펴봤다. 이러한 용언은 몇 가지 공통점을 갖는다. 이 절에서는 그 공통점에 대해 살펴보도록 한다.

첫째, 용언은 본 용언과 보조 용언으로 나뉜다. 본 용언은 서술어의 중심 의미가 되고 보조 용언은 그 문장에 대한 화자의 태도, 양태를 가리킨다. 다음의 예문을 보자.

**(8)** 가. 동생이 피자를 먹었다.

　가'. 동생이 피자를 먹어 버렸다.

　나. 비가 온다.

　나'. 비가 올 듯하다.

(8가)는 동생이 피자를 먹었다는 사실을 이야기하는 문장이다. 이 문장을 말하는 화자가 어떤 마음인지 알 수 없다. 반면 (8가')는 동생이 피자를 먹은 사실에 대한 화자의 태도를 나타낸다. 마음에 안 든 것이다. 속상하거나 화가 나는 것이다. (8나)를 보자. (8나)는 비가 온다는 사실을 단순히 서술한 문장인 반면, (8나')는 비가 올 수 있다고 '추측'하고 있다. 이 역시 화자의 생각을 보이고 있는 것이다.

이때 '-어 버리다'나 '-(으)ㄹ 듯하다'처럼 '먹다'와 '오다' 뒤에 붙은 용언을 '보조 용언'이라 라 한다. 보조 용언은 주로 화자의 태도를 나타내는 기능을 한다.

보조 용언은 보조 동사와 보조 형용사로 구분된다. 먼저 보조 동사에는 다음과 같은 것들이 있다.

**(9)** 가. 사동: -게 하다

나. 피동: -게 되다, -어지다

다. 진행: -고 있다, -어 가다, -어 오다

라. 완료: -어 내다, -어 버리다, -고 말다

마. 봉사: -어 주다, -어 드리다

바. 시도: -어 보다

사. 부정: -지 않다, -지 못하다, -지 말다

(9)의 보조 동사는 다음과 같이 쓰인다.

**(10)** 가. 형이 동생을 <u>울게 했다</u>.

나. 돈 때문에 여기서 <u>일하게 됐어요</u>. / 이 지우개는 잘 <u>지워진다</u>.

다. 사람들이 <u>웃고 있다</u>/ 꽃이 <u>시들어 간다</u>. /그 이야기는 옛날부터 <u>전해져 온다</u>.

라. 이 상황을 <u>이겨 내라</u>. / 그 사람과 <u>헤어져 버렸다</u>. / 주인공이 <u>죽고 말았다</u>.

마. 그분이 길을 <u>가르쳐 주셨다</u>. /그분께 길을 <u>알려 드렸다</u>.

바. 엄마의 신발을 <u>신어 보았다</u>.

사. 숙제를 <u>하지 않았다</u>./ 숙제를 <u>하지 못했다</u>./ 숙제를 <u>하지 말자</u>.

(9가)의 '-게 하다'는 '-게 만들다'의 의미이다. (10가)는 동생이 스스로 운 것이 아니라, 형이 그 우는 행동을 만들었다는 뜻이다.

(9나)와 (10나)의 '-게 되다'와 '-어지다'는 모두 피동의 보조 동사이다. 피동이란 어떤 일을 당할 때, 자기 의지가 아닌 남의 의지 때문에 일어 벌어졌을 때 쓰이는 문법이다. 특

히 '-어지다'는 (10나)와 같이 붙여쓰는 것이 특징인데 형용사 뒤어 붙어 동사를 만들기도 한다(예: 예뻐지다, 밝아지다, 나빠지다 등).

(9, 10다)의 세 보조 동사는 모두 진행을 나타낸다. '-고 있다'는 두루 쓰이는 반면, '-어 가다'와 '-어 오다'는 함께 쓰는 말들이 따로 있으니 그 동사들을 찾아 보고 그것들과 익숙해져야 한다.

(9라)는 모두 '끝냄'의 의미를 가진 보조 동사인데, 특히 '-어 버리다'와 '-고 말았다'의 뜻이 아주 비슷하여 구분이 필요하다. '-어 버리다'는 '잃어버리다', '잊어버리다'와 같이 다른 동사 뒤에 붙어 하나의 단어로 굳어진 경우가 많다.

(10마)는 '-어 주세요' 형태로 많이 쓰이는 '-어 주다'가 평서문(가장 일반적인 서술문)으로 쓰인 예이다. 받는 사람이 나보다 나이가 많거나 지위가 높은 사람이면 '-어 드리다'를 쓴다.

(9바)는 한번 시도해본다는 의미로 쓰이는 보조 동사로, (10바)는 계속 신고 있는 것이 아니라 시도, 경험의 의미로 신어 본 것이다.

(9사)는 부정의 보조 동사인데, (10사)처럼 앞에 오는 말이 동사이면 보조 동사라 부른다.


형용사 역시 동사처럼 다른 용언에 뜻을 보조하는 **보조 형용사**가 있다.


**(11)** 가. 희망: -고 싶다

나. 여감: -기는 하다

다. 추측: -(으)ㄴ/는/(으)ㄹ 듯하다, -(으)ㄴ/는/(으)ㄹ 듯싶다

라. 상태: -어 있다

마. 가치: -(으)ㄹ 만하다

바. 부정: -지 않다, -지 못하다

(12)는 (11)을 예문으로 보인 것이다.

**(12)** 가. 나는 학교에 가고 싶다.

　　나. 동생이 똑똑하기는 하다. 하지만 공부를 안 한다.

　　다. 비가 올 듯하다. /비가 올 듯싶다.

　　라. 책상 위에 컵이 놓여 있다.

　　마. 요즘 볼 만한 영화 있어?

　　바. 꽃이 예쁘지 않다. 그 애는 생각만큼 똑똑하지 못하다.

(11가)의 '-고 싶다'는 화자, 즉 '나'의 바람을 전하는 보조 형용사이다. (12가)는 학교에 가기를 바라는 마음이다.

(12나)는 동생이 똑똑하다는 사실을 인정하면서도, 뒤이어 반대되는 이야기, 공부를 안 한다고 말하고자 쓴 보조 형용사이다.

(11다)는 추측의 보조 형용사로 두 형태 모두 큰 의미 차이 없이 추측할 때 쓰인다. (12다)는 비가 오는 것이 확실하지 않고 나의 예상에 비가 올 것이라 추측하는 것이다.

(11라)는 상태를 나타내는 보조 형용사로 주로 '걸리다', '안기다' 등의 피동사와 결합한다. (12라)는 책상 위에 컵이 놓인 상태가 지속된다는 뜻이다.

(11바)는 부정의 보조 형용사로, (12바)와 같이 앞에 오는 말이 형용사일 경우 보조 형용사가 된다. '-지 말다' 보조 용언은 보조 형용사로는 쓰이지 않는다.

# 보조 용언 '하다'에는 다양한 용법이 있다.

아래는 국립국어원에서 보이는 보조언어 '하다'의 의미 또는 쓰임이다.

1. ((동사나 형용사 뒤에서 '-게 하다' 구성으로 쓰여)) 앞말의 행동을 시키거나 말이 뜻하는 상태가 되도록 함을 나타내는 말.

   → 숙제를 하게 하다.

2. ((동사나 형용사 뒤에서 주로 '-었으면 하다' 구성으로 쓰여)) 앞말의 행동을 하거나 앞말의 상태가 되기를 바람을 나타내는 말.

   → 네가 나를 용서했으면 했는데 이렇게 끝까지 화를 풀지 않다니 실망이다.

3. ((동사나 형용사 뒤에서 '-어야 하다' 구성으로 쓰여)) 앞말이 뜻하는 행동을 하거나 앞말이 뜻하는 상태가 되는 것이 필요함을 나타내는 말.

   → 부모님께 효도해야 하는데 마음먹은 대로 잘되지 않는다.

4. ((동사 뒤에서 '-으려(고) 하다', '-고자 하다' 구성으로 쓰여)) 앞말이 뜻하는 행동이나 상태를 의도하거나 바람을 나타내는 말.

   → 밥을 안 먹으려 한다.

5. ((동사 뒤에서 '-기는 하다', '-기도 하다', '-기나 하다' 따위의 구성으로 쓰여)) 앞말이 뜻하는 행동을 일단 긍정하거나 강조함을 나타내는 말.

   → 먹기는 하는데 아주 조금씩밖에 먹지 않는다.

6. ((동사 뒤에서 '–고 해서', '–고 하여', '–고 하니' 구성으로 쓰여)) 앞말의 사실이 뒷말의 이유나 근거가 됨을 나타내는 말.

➜ 눈도 오고 해서 일찍 귀가했다.

7. ((동사 뒤에서 '–고는 하다', '–곤 하다' 구성으로 쓰여)) 앞말이 뜻하는 행동을 습관처럼 하거나 앞말이 뜻하는 상황이 반복되어 일어남을 나타내는 말.

➜ 그 사람은 점심을 먹고 난 후에 고궁을 산책하고는 한다.

8. ((형용사 뒤에서 '–어하다' 구성으로 쓰여)) 앞말이 뜻하는 대상에 대한 느낌을 가짐을 나타내는 말.

➜ 손녀를 예뻐하다.

9. ((일부 동사 뒤에서 '–어 하다' 구성으로 쓰여)) 앞말이 뜻하는 대상에 대한 상태나 태도를 드러냄을 나타내는 말.

➜ 그는 첫사랑을 못 잊어 한다.

## 보조형용사

1.((형용사 뒤에서 '–기는 하다', '–기도 하다', '–기나 하다' 따위의 구성으로 쓰여)) 앞말이 뜻하는 상태를 일단 긍정하거나 강조함을 나타내는 말.

➜ 옷이 좋기는 한데 가격이 비싸다.

2. ((형용사 뒤에서 '–고 해서', '–고 하여', '–고 하니' 구성으로 쓰여)) 앞말의 사실이 뒷말의 이유가 됨을 나타내는 말.

➜ 길도 멀고 하니 일찍 출발해라.

한편, 용언은 활용할 때 어간이나 어미가 규칙적으로 변화하는 경우와 그렇지 않은 경우가 있다. 규칙적인 변화를 보이는 것들을 '규칙 동사' 혹은 '규칙 형용사'라고 하고 규칙적이지 않은 것들을 '불규칙 동사' 또는 '불규칙 형용사'라 한다. 이 절에서는 불규칙 동사 및 형용사에 관심을 갖는다. 먼저 불규칙 동사를 살펴보자. 불규칙 동사에는 어간이 바뀌는 것, 어미가 바뀌는 것, 어간과 어미가 함께 바뀌는 것이 있다.

### (13) 불규칙 동사 중에서 어간이 바뀌는 것

가. ㄷ 불규칙 동사: 걷다, 묻다(질문하다), 듣다
예 학교에 걸어서 왔습니다.

나. ㅂ 불규칙 동사: 굽다, 돕다, 눕다, 줍다
예 고기를 구워서 먹었다.

다. 불규칙 동사: 긋다, 젓다, 짓다, 잇다
예 선을 그어요.

라. ㅡ 불규칙 동사: 끄다, 뜨다, 쓰다, 따르다
예 불을 꺼요.

마. ㅜ 불규칙 동사: 푸다
예 물을 퍼서 담아요.

바. 르 불규칙 동사: 모르다, 오르다, 구르다
예 저는 아무것도 몰라요.

먼저 (13)은 어간이 바뀌는 동사이다. (13가) '걷다'는 모음 어미 앞에서 받침 'ㄷ'이 'ㄹ'로 바뀐다. 자음 어미 앞에서는 '걷고', '걷지만'처럼 규칙 활용한다. 비교할 만한 규칙 동사로는 '믿다', '닫다' 등이 있다.

(13나)는 어간 받침 'ㅂ'이 모음 어미 앞에서 '오'나 '우'로 바뀌는 동사들이다. '도와서',

'누워요', '주우니까' 등으로 모양이 바뀐다. 어미가 자음으로 시작되면 '굽고', '굽지만'처럼 모양이 변하지 않는다. 규칙 동사로는 '입다', '잡다' 등이 있다.

(13다)는 어간 받침 'ㅅ' 받침이 탈락되는 부류다. 어미가 모음으로 시작될 때 탈락된다. 규칙 동사로는 '씻다', '웃다' 등이 있다.

(13라)는 어간 끝의 모음 'ㅡ'가 탈락되는 동사들이다. 받침 'ㅡ'가 있는 동사는 '르'불규칙과 '러' 불규칙 동사만을 제외하고 모두 'ㅡ'가 탈락하는 이 규칙을 따른다.

(13마)의 'ㅜ' 불규칙 동사에는 오직 '푸다'만 있다. 이 동사는 'ㅜ'가 모음으로 시작되는 어미 앞에서 탈락한다. '퍼서', '퍼요' 등으로 변화한다. '두다', '주다' 등의 다른 동사는 모두 규칙 활용한다.

마지막으로 (13바)는 어간 마지막 음절이 '르'일 경우 'ㄹ'이 어간 받침으로 들어가고 'ㅡ'가 탈락되는 부류이다. 자음 앞에서는 '모르고', '모르지만'과 같이 규칙 활용한다. 어간이 '르'로 끝나는 동사는 '따르다', '들르다', '우러르다', '이르다'를 제외하고 모두 '르' 불규칙 동사이다.

**(14) 불규칙 동사 중에서 어미가 바뀌는 것**

    가. 여 불규칙 동사: 숙제하다, 공부하다, 운전하다, 결혼하다
    (예) 오늘 하루 종일 숙제했다.

    나. 러 불규칙 동사: 이르다(도착하다)[12]
    (예) 결국, 만족스러운 결과에 이르렀다.

    라. 거라 불규칙 동사: 가다
    (예) 빨리 가거라.

    마. 너라 불규칙 동사: 오다
    (예) 여기로 오너라.

---

12  '이르다'는 '도착하다'의 뜻과 '빠르다'의 뜻, 두 가지를 가지고 있다.

(14가)는 '하다'나 '하다'가 붙은 전체 동사에 해당되는 내용으로 '-어'가 '-여'로 바뀌는 현상을 묶어 놓은 것이다. '공부하고', '공부하지만'처럼 자음 어미 앞에서는 변화 없던 것이 모음 어미 앞에서만 '공부하여서', '공부하여도' 공부하였다'처럼 바뀌는 것이다. '하여'는 축소되어 결국 '공부해서', '공부해도', '공부했다'로 쓰인다.

(14나)는 어간 끝이 '르'로 끝나는 동사 뒤에 '-어'가 붙으면 '-러'로 바뀌는 현상이다. '_' 규칙을 적용했다면, '이러'가 되었을 것이고, '르'규칙을 적용했으면 '일러'가 되었을 것이다. 그런데 이들 부류는 '이르러'로 활용한다. 어미 '-어'가 '-러'로 변하는 불규칙이다.

(14라)와 (14마)는 매우 예외적인 현상이다. '가다'와 '오다'는 명령형 어미 '-어라'와 결합할 때에만 불규칙 활용을 한다. 각각 '가거라', '오너라'로 변하는 것이다. '-어서'와 같은 다른 문법에서는 '가서', '와서'처럼 규칙 활용을 한다.[13]

형용사에도 규칙형용사와 불규칙형용사가 있다. 불규칙형용사에는 'ㄹ', 'ㅅ', '으', 'ㅎ', '여', '러', 'ㅂ', '르' 불규칙의 여덟 가지가 있다. 'ㄷ'불규칙이 없는 대신 'ㅎ'불규칙이 하나 더 있는 것이 불규칙 동사와 다른 점이다.


### (15) 불규칙 형용사 중에서 어간이 바뀌는 것

가. ㅂ 불규칙 형용사: 귀엽다, 아름답다, 자유롭다, 밉다
예 강아지가 귀여워요.

나. ㅅ 불규칙 형용사: 낫다
예 파란 옷이 빨간 옷보다 나아요.

다. ㅡ 불규칙 형용사: 아프다, 바쁘다, 예쁘다, 슬프다, 나쁘다
예 머리가 아파요.

---

13 그러나 현대에 한국인들은 '가거라', '오너라'보다는 '가라', '와라'를 더 많이 사용한다. 이에 대해서는 한국인의 언어 사용 관찰을 통해 생각해보기 바란다.

라. 르 불규칙 형용사: 그르다, 무르다, 이르다(빠르다)
　　⑳ 학교에 가기에는 너무 일렀다.

'ㅂ'받침이 있는 많은 형용사들(자유롭다, 남자답다, 여성스럽다 등)이 (15가)에 속한다. 'ㅂ'이 '우'로 바뀌는 것이다.

(15나)에는 '낫다' 하나만 존재한다.

(15다)는 어간 말음이 'ㅡ'일 경우 대부분 이 부류에 해당되는데 동사와 마찬가지로 모음이 탈락되면서 활용한다.

(15라)의 '르' 불규칙 형용사는 'ㅡ'가 탈락하면서 어간 아래에 'ㄹ'을 첨가하고 있다.


### (16) 불규칙 형용사 중에서 어미가 바뀌는 것

가. 여 불규칙 형용사: 피곤하다, 건강하다, 행복하다, 똑똑하다
　　⑳ 등산을 다녀왔더니 피곤했다.

나. 러 불규칙 형용사: 푸르다, 누르다
　　⑳ 하늘이 유난히 푸르렀다.


(16)은 어미가 바뀌는 불규칙 형용사이다. (16가)는 '하다'가 포함된 형용사들이고, '하다' 동사와 마찬가지로 자음으로 시작되는 어미 앞에서는 규칙 활용한다. (16나)는 어미 '어'가 '러'로 바뀌는 불규칙으로 '누르다', '푸르다' 두 가지 형용사만이 여기에 속한다.


### (17) 불규칙 형용사 중에서 어간과 어미가 모두 바뀌는 것

ㅎ 불규칙 형용사: 까맣다, 하얗다, 파랗다, 이렇다, 어떻다
　　⑳ 고양이가 까매요. 까만 고양이예요.


(17)은 어간과 어미가 동시에 변하는 불규칙 형용사이다. 'ㅎ'이 어간 말음으로 오는 색

채 형용사는 예외 없이 이 부류에 속한다고 볼 수 있다. 이와 더불어, '이렇다', '저렇다', '그렇다', '어떻다'와 같은 형용사도 불규칙 활용이다. '그래서'도 여기서 온 말이다. 반면 '좋다'와 같은 형용사는 'ㅎ' 받침이 있는데도 규칙 활용을 하고 있으니 잘 구분해 두어야겠다.

1. 여러분 언어의 동사와 한국어의 동사를 비교 및 대조하여 정리해 봅시다. 그리고 이야기해 봅시다.

2. 여러분 언어의 형용사와 한국어의 형용사를 비교 및 대조하여 정리해 봅시다. 그리고 이야기해 봅시다.

3. '하다'가 들어있는 동사 및 형용사를 모두 찾아보고 '하다'가 어떤 기능을 하는지 분석해 봅시다.

---

**⊙ 생각하기**

1. '어떻다'와 '어떤'과 '어떻게'로 문장을 만들어 봅시다. 각각 어떠한 성격이 있는지 생각해 봅시다.

2. '그곳에 간다.'와 '그 장소에 간다.'를 분석해 봅시다. 어떤 차이가 있습니까?

3. '도대체'로 문장을 만들어 봅시다. 어떤 특징이 있습니까?

# 립언

## 6.1 관형사

명사, 대명사, 수사와 같은 체언을 수식하는 말을 '관형사'라 한다. '부사'와 함께 '수식 언'에 속한다. 체언의 뜻을 분명하게 하거나 한정시켜 준다. 형태가 변하지 않고 쉽게 생 략될 수 있는 것이 특징이다. 크게 지시 관형사, 수 관형사, 성상 관형사로 구분된다. 먼 저 지시 관형사를 살펴보도록 한다.

**(1)** 가. 저 사람이 저를 도와주었어요.

　　나. 그런 모습으로 학교에 갈 거야?

　　다. 그는 그 사실을 잘 알고 있을 겁니다.

　　라. 게으른 사람은 실패할 수밖에 없다. 이 점을 우리는 잊지 말아야 한다.

(1가)의 '저'는 '사람'이라는 말을 한정하고 있으므로 지시 관형사가 된다.

(1나)의 '그런'은 '그렇다'에서 온 말이 굳어진 것으로 이 또한 지시 관형사가 된다. 이와 같은 것들에는 '이런', '저런', 등이 있다.

(1다)에는 '그'가 두 번 나타나는데, '그는'의 '그'는 지시 대명사이고, '그 사실'의 '그'는 지시 관형사이다. 이 구분은 뒤에 수식 받는 말이 있는지, 조사가 붙어 있는지 등의 여부 로 알 수 있다. 뒤에 수식받는 말이 없고, 조사가 붙어 있으면 대명사, 조사가 바로 붙을 수 없고, 수식 받는 체언이 있으면 지시 관형사이다.

(1라)에서는 두 번째 문장에 나오는 '이'가 지시 관형사이다, 이것은 앞 문장과 뒤 문장

을 연결시켜 주는 역할을 하고 있다. '이'가 수식하는 것은 '점'이고 '이 점'은 앞 문장을 이야기하고 있다. 그 외에도 지시 관형사 '그'가 붙은 '그 결과'라든지 '그 후' 등은 문장과 문장을 단단하게 이어주는, 즉 결속력을 높이는 역할을 한다.

다음은 수 관형사를 살펴보자. 수사의 '하나', '둘', '셋', '넷', '스물'은 뒤에 다른 체언이 왔을 때 각각 '한', '두', '세(서, 석)', '네(너, 넉)', '스무' 형태로 바뀐다. 바뀐 이 모습을 두고 수 관형사라 부른다.

**(2)** 가. 책 한 권도 읽지 않는다.

나. 두 시간 뒤에 출발하겠습니다.

다. 아저씨는 석 달 후에 돈을 갚았다.

라. 콩 너 말만 주세요.

마. 오늘은 제 스무 번째 생일입니다.

(2가, 나)는 각각 뒤에 오는 단위 명사를 수식하고 있다. '하나'와 '둘'이라는 수사가 '한', '두'라는 수 관형사가 된 것이다.

(2다)의 '석'은 '세'의 다른 형태이다. 역시 '셋'이라는 수사가 수 관형사가 되었다.

(2라)의 '너'도 '네'의 다른 형태이다. '넷'이라는 수사가 수 관형사가 된 것이다. 이때 '말'은 부피를 재는 단위 명사이다.

(2마)의 '스무'는 '스물'이 변형된 말로, 역시 수 관형사로 구분된다.

이 외에, '모든' 또한 수 관형사 범주에 해당된다.

수 관형사에서 특별히 기억해 두어야 할 점은 단위 명사와 함께 쓰이는 상황이다. 고유어는 고유어끼리, 한자어는 한자어끼리 쓰는 것이 원칙이다. 즉, '스무 살', '이십 세'라고 쓴다. 그러나 숫자가 많아지면 '마흔 권'이라고도 하고 '사십 권'이라고도 하는 것들이 있다.

**(3)** <u>다섯</u> 명씩 모이세요. <u>다섯</u>이 한 팀입니다.

(3)에는 '다섯'이 두 번 나온다. 이때 첫 번째 '다섯'은 수 관형사이고, 두 번째 '다섯'은 수사다. 뒤에 조사 '이/가', '을/를' 같은 것들을 붙여 쓸 수 있으면 수사이고, 그렇지 않으면 수 관형사로 구분한다.

그 밖에 '여러', '모든', '온'도 수 관형사로 분류된다.

**(4)** 가. 걱정하지 마. <u>여러</u> 방법이 있어.

　　나. <u>모든</u> 사람들이 박수를 쳤다.

　　다. <u>온</u> 국민이 너의 경기를 지켜볼 것이다.

'여러'는 한둘이 아니라는 뜻이고, '모든'과 '온'은 전부라는 뜻이다. 이들은 모두 수 관형사로 뒤에 오는 말을 한정하고 있다.

다음은 성상 관형사를 살펴보도록 한다. 사람이나 사물의 상태나 성질을 나타내면서 뒤에 오는 말을 수식하는 말들을 성상 관형사라 한다.

**(5)** 가. <u>새</u> 친구를 사귀었다.

　　나. 옛날 음악을 들으며 <u>옛</u> 추억을 떠올린다.

　　다. 그 여자는 나를 사귀면서 <u>딴</u> 남자도 사귀었다.

(5가)의 '새'는 '친구'들을 수식하고 있고, (5나)의 '옛'은 '추억'을 수식하고 있다. (5다)의 '딴'은 '남자'를 수식한다.

한편 의문을 나타내는 관형사와 부정(정해지지 않음)을 나타내는 관형사도 있다.

(6) 가. <u>어느</u> 나라 사람입니까?

나. <u>몇</u> 명이 함께 가니?

다. <u>웬</u> 돈이야?

(6가)와 (6나)의 '어느'와 '몇'은 각각 뒤에 오는 '나라'와 '명'을 수식해주고 있는 의문 관형사이다. 또한 (6다)는 정해지지 않은 무언가를 뜻하는 말로 '돈'을 수식해 주고 있다.

## 6.2. 부사

주로 용언이나 문장 전체를 수식하는 품사를 '부사'라 부른다. 부사가 수식하는 것들에는 문장, 용언, 관형사 그리고 일부 체언 등이 있다. 부사는 수식 받는 것들의 종류에 따라 성분 부사와 문장 부사로 나뉜다. 먼저 성분 부사를 살펴보도록 한다.

(7) 가. 나는 <u>가끔</u> 산책했다.

나. 그들이 <u>멀리</u> 떠났다.

다. <u>열심히</u> 공부하는 학생들

라. 아침을 <u>조금</u> 먹었더니 배가 고파.

마. 아기가 <u>아장아장</u> 걷는다.

바. 아무것도 <u>안</u> 먹었다.

(7)은 모두 용언을 수식하고 있는 성분 부사들의 예이다. (7가)의 '가끔'은 '산책하다'를 수식하고 있는 시간 부사이고, (7나)의 '멀리'는 '떠났다'를 수식하는 처소 부사이다.

(7다)의 '열심히'는 '공부하는'이라는 동사를 꾸미는 상태 부사이고, (7라)의 '조금'은 '먹다'를 수식하는 정도 부사이다.

(7마)의 '아장아장'은 걷는 모습을 표현한 상징 부사로 '걷는다'를 수식하고 있고, (7바)의 '안'은 '먹었다'를 부정하는 부정 부사이다. 성분 부사는 수식 받는 말 바로 앞에 두는 것이 좋다.

다음은 부사가 용언이 아닌 것들을 수식하는 경우이다.

**(8)** 가. 개가 매우 빨리 달린다.

나. 아주 온갖 양념을 다 넣었구나.

다. 1등을 한 사람이 바로 나야.

(8가)는 '매우'라는 부사가 '빨리'라는 부사를 수식하고 있다. (8나)는 부사 '아주'가 '온갖'이라는 관형사를 수식하고 있다. (8다)에서는 '바로'가 '나'라는 대명사를 수식하고 있다.

이번에는 문장 부사에 대해 살펴보도록 한다. 절 또는 문장 전체를 수식하는 부사를 문장 부사라 한다.

**(9)** 가. 다행히 크게 다친 사람은 없었다.

나. 비록 나이는 어리지만, 생각만은 어른스러웠다.

다. 그리고 아무 말도 하지 않았다.

(9가)에서 '다행히'가 수식하는 말은 '크게 다친 사람이 없었다.'는 문장 전체이다. (9나)의 '비록'은 '나이는 어리지만'이라는 절을 수식하고 있다.

한편, (9다)의 '그리고'는 문장 전체를 수식한다고 볼 수도 있고, 문장과 분리되었다고 볼 수도 있어 품사 분류가 어렵다. '그리고/그런데/그렇지만' 등을 문장 부사 가운데서도 접속 부사라고 따로 부르기도 한다.

## 6.3. 부사와 문장의 호응

한국어의 부사는 그 수가 매우 많고, 제약도 많다. 예컨대 '도대체'라는 부사가 문장에서 쓰이기 위해서는 문장이 의문문이나 부정문이어야 한다는 제약이 있다. 이 절에서는 몇몇 주요 부사들을 알아보고 이들이 실제 문장에서 어떻게 쓰이는지 그 호응 관계를 살펴보도록 한다.

## [1] 부사와 의문문

### ① 도대체/대체

이 부사는 '요점을 말하자면'이라는 뜻의 문장 부사이다. 그러나 이 뜻대로 사용되기보다 의문 부사나 의문 관형사, 의문 대명사를 강조하는 기능을 갖는다. 주로 '몇, 얼마, 누구' 등의 말이 함께 쓰이고 서술어의 어미는 '-니?', '-(으)ㄹ까?', '-(으)ㄴ가?'가 된다.

**(10)** 가. 도대체 누가 그런 말을 했을까?

　　　 나. 대체 몇 시인데 전화하시는 겁니까?

　　　 다. *도대체 문법이 재미있다.

(10가)와 (10나)는 도대체와 대체가 각각 '누가'와 '몇'을 강조하는 기능을 가짐으로써 의문문 전체를 수식한다. (10다)처럼 평서문에는 쓰이지 않는다.


### ② 오죽/얼마나

오죽은 '얼마나'의 뜻을 가진 문장부사이다. '하면'과 함께 쓰이는 일이 많고, '좋다/놀라다/덥다/춥다' 등의 정도성을 가진 어휘들이 주로 사용된다. 어말에는 '-겠니?', '겠어?', '-(으)ㄹ까?' 등이 쓰인다. 대개 이런 형태이다.


**(11)** 가. 오죽/얼마나 힘들면 우리에게까지 그런 부탁을 했겠니?

　　　나. 집안도 이렇게 추운데 밖은 오죽/얼마나 춥겠어?

　　　다. *밖에 날씨가 오죽/얼마나 덥다.


(11가)와 호응을 이루는 것은 '-겠니?'이고 (11나)와 호응을 이루는 것은 '-겠어?'이다. (11다)는 의문문이 아니라 비문이 된다.


### ③ 설마

'아무리 그래도'의 뜻을 가진 부사이다. 의문문 형식의 문장에 쓰여 부정적인 추측을 강조한다. '-겠지?', '-겠니?', '-(으)ㄹ까?' 등의 어미를 함께 쓴다.


**(12)** 가. 설마 저 둘이 사귀는 건 아니겠지?

　　　나. 지금 좀 힘들다고 설마 공부를 포기할까?

　　　다. *설마 진짜 고향에 돌아가진 않는다.


(12가)는 '-겠지?'와 호응하고 (12나)의 '설마'는 '-(으)ㄹ까?'와 호응한다. (12다)처럼

평서문에서 쓰이지 않는다.

### ④ 혹시1

자기의 생각을 믿을 수 없을 때나 자신이 없을 때 조심스럽게 질문하며 쓰는 말이다. 의문형 어미와 어울린다.

(13) 가. 혹시 일도초등학교 졸업하지 않았니?

　　 나. 마음에 들어서 그러는데 혹시 전화 번호 좀 줄 수 있습니까?

　　 다. *혹시 답이 3번이다.

(13가)는 '혹시'가 '-니?'와 호응하고 있고, (13나)는 '-습니까?'와 호응하고 있다. (13다)처럼 '-다'와 같은 평서형 종결어미와는 어울리지 않는다.

## [2] 부사어와 추측/가정 표현

### ① 아마

추측의 표현과 호응하는 문법이다. 단정할 수는 없지만 그럴 가능성이 크다는 말이다. '-(으)ㄹ 것이다', '-(으)ㄹ 걸', '-(으)ㄹ지도 모르다'와 호응한다.

(14) 가. 아마 저녁에는 사람이 많을걸.

　　 나. 동훈이는 노래를 잘해서 아마 가수가 될 것이다.

　　 다. *아마 가수가 되어라!

　　 라. *아마 시험을 잘 봤니?

(14가)의 '아마'는 '-(으)ㄹ걸'과 호응하고 있고, (14나)는 '-(으)ㄹ 것이다'와 호응하고 있다. (14다)처럼 명령하는 문장과 쓸 수 없고, (14라)처럼 의문문과도 쓸 수 없다.

### ② 혹시2

'혹시1'은 의문문과 호응하지만, '혹시2'는 가정하는 평서문과 어울린다. '혹시2'는 '그럴 리는 정말 없지만 만에 하나(1/10000)'의 뜻을 갖는다. 조사 '라도'를 붙여서 그 가능성이 낮음을 더욱 강조하기도 한다. '-(으)면', '-거든'[14] 및 가능성을 나타내는 '-(으)ㄹ지도 모르다'와 호응한다.

**(15)** 가. 혹시 궁금한 점이 있으면 저한테 연락하세요.

　　　나. 혹시라도 한국에 다시 오게 되거든 제주도에 꼭 가봐.

　　　다. *교수님이 혹시 도착했다.

(15가)의 '혹시'는 '-으면'과 같이 쓰이면서 '가능성이 낮지만'의 뜻을 나타낸다. (15나)는 '혹시'에 '라도'를 붙여 강조하면서 '-거든'과 호응하고 있다. 그러나 (15다)와 같이 일반적인 평서문에는 어울리지 않는다.

## [3] 부사와 부정어

### ① 전혀

'완전히'의 의미이다. '없다, 않다, 못하다, 다르다, 모르다, 아니다' 등과 호응한다.

---

14　연결어미 '-거든'은 '-으면'과 비슷한 뜻을 갖는다.

**(16)** 가. 그 사실을 전혀 믿을 수 없다.

　　　나. 나는 그 사실을 전혀 모른다.

　　　다. *전혀 먹지 마래!

(16가)는 '전혀'가 '없다'와 호응한다. (16나)는 '모르다'와 호응하고 있다. (16다)에서 보는 것처럼 명령하는 문장과 쓸 수 없다. 그러나 예외적으로 '새롭다'와는 함께 쓰여 긍정문을 만들기도 한다.

**(17)** 그건 전혀 새로운 이야기네요.


## ② 결코 vs 절대로

이 두 부사는 '어떠한 경우에도 아니다'의 의미를 갖는다. 마찬가지로 부정어들과 함께 쓰이는데 그 쓰임에서 차이가 있다.

'절대'는 기본적인 부정어 외에 '-지 마세요/맙시다'와 같은 '말다' 명령문/청유문에도 사용되는 반면, '결코'는 사용할 수 없다. '절대'는 '절대로'의 모양으로 쓰이기도 한다.

**(18)** 가. 절대 그곳에 가지 마세요.

　　　나. 밤에는 절대로 바깥으로 나가지 마십시오.

　　　다. *여기에서 절대로 담배를 피우지 마십니다.

　　　라. 나는 절대 포기하지 않겠다.

　　　마. *결코 문을 열지 마세요.

(18가)의 '절대'는 명령하는 말 '-(으)세요'와 호응한다. (18나)의 '절대로'는 '-지 마십시

오'와 호응한다. 그러나 (18다)처럼 평서문일 경우, 자연스러운 문장이 만들어지지 않는다. (18다)는 1인칭 주어 문장에 '-지 않겠다'를 써서 화자의 강력한 의지를 보여주고 있는 문장이다.

한편 '결코'와 '절대'는 같은 의미지만, (18마)에서 보는 것처럼 '결코'는 명령하는 문장에 쓰이지 못한다.

'결코'는 부정 평서문에 쓰여서 '절대'의 의미를 드러내기도 하고 1인칭 주어와 '-지 않겠다'를 함께 써 화자의 의지를 전달하기도 한다.

**(19)** 가. 너와의 만남은 <u>결코</u> 우연이 <u>아니다</u>.

나. 나는 <u>결코</u> 그 일을 하지 <u>않겠다</u>.

(19가)의 '결코'는 '아니다'와 호응하고 있다. (19나)의 '결코'는 1인칭 주어가 쓰인 문장으로 '-지 않겠다'와 호응하고 있어 강한 의지의 의미가 드러난다.

다음은 '전혀', '절대', '결코'와 여기서 자세히 다루지 않은 '별로'를 묶어 비교한 표이다.

## 〈부정문과 호응하는 부사 비교〉

| | 전혀 | 절대로 | 결코 | 별로 |
|---|---|---|---|---|
| **의미** | 도무지, 아주, 완전히 | 어떠한 경우에도 반드시 | 어떠한 경우에도 절대로 | 이렇다 하게 따로 또는 그다지 다르게 |
| **호응하는 서술어** | 주로 부정어와 호응. {없다, 않다, 못-, 다르다, 모르다, 아니다, 새롭다} 등 | 주로 부정어와 호응. {않다, 아니다, 없다, 안-} 등 | 주로 부정어와 호응. {않다, 아니다, 없다, 못하다, 안- } 등 | 주로 부정어와 호응. {않다, 없다, 내키다, 모르다} 등 |
| **결합하는 어미 형태** | {-(으)ㄹ 수 없다, -지 않다/못하다} 등 | {-지 못하다, -지 않겠다, -(으)ㄹ 수 없다, -지 마라} 등 | {-지 않겠다, -(으)ㄴ 적이 없다} 등 | {-지 않다, -지 못하다, 없다} 등 |
| **통사적인 제약** | {-지 말다}와 공기할 수 없다. | {-지 말다}는 명령문과 청유문에서만 쓰인다. | {-지 않다}에 '-겠-'이 올 경우, 주어는 반드시 1인칭이어야 한다. | {-지 말다}와 공기할 수 없다. |

# 한국어에는 의문사가 없다!

한국어에는 의문사라는 품사가 따로 존재하지 않는다.

설명 의문문(의문사 의문문, wh-question)을 만들 때 사용하는 어휘들은 대명사, 부사, 관형사 등 다양한 범주에 분포되어 있다.

- 누구: 대명사
- 무엇: 대명사
- 언제: 대명사, 부사
- 어디: 대명사, 부사
- 어떻게: 형용사의 활용형(어떻다)
- 왜: 부사, 감탄사
- 무슨: 관형사
- 어느: 관형사
- 어떤: 부사
- 어떠한: 형용사의 활용형(어떠하다)
- 어찌: 부사
- 몇: 수사, 관형사
- 얼마: 명사

바로 뒤에 조사(이/가, 을/를)가 붙는 것이 자연스러우면 대명사, 그렇지 않으면 부사나 관형사로 구분한다. 예컨대 '언제'의 경우 '언제가 좋을까?'처럼 조사가 붙는 경우는 대명사로, '언제 출발해?'처럼 조사 결합이 자연스럽지 않은 경우 부사로 처리한다. 관형사로 구분된 것은 뒤에 조사가 아니라 명사가 온다는 뜻이고 '몇'과 같이 단독으로도, 명사 앞에 붙어 관형사로도 쓰이는 어휘가 있으니 헷갈리지 않도록 유의하자.

## 6.4. 조사

'조사'는 1장에서 살펴본 바와 같이, 주로 체언 뒤에 붙어 다른 말의 관계를 드러내 주는 어휘이다. 문법적 관계를 표시하는 조사도 있고, 특별한 의미를 더하는 조사도 있다. 조사는 홀로 쓰일 수 없고, 다른 말에 붙어 사용된다. 한국어의 어순이 비교적 자유로울 수 있는 것은 바로 조사가 존재하기 때문이다.

조사는 역할에 따라 격조사와 보조사로 나뉜다. 먼저 격조사를 살펴보기로 하자. 격조사는 체언과 다른 말들이 어떤 문법적 관계를 갖는지, 즉 체언이 어떤 자격을 가지는지 보여주는 조사이다.

**(20)** 가. 주격 조사: 이/가, 께서
　　　예 하늘이 푸르다

　　나. 서술격 조사: 이다
　　　예 나는 학생이다.

　　다. 목적격 조사: 을/를
　　　예 다혜가 밥을 먹었다.

　　라. 보격 조사: 이/가
　　　예 다혜가 사장님이 되었다.

　　마. 관형격 조사: 의
　　　예 엄마의 가방을 찾았다.

　　바. 호격 조사: 야, 아, 여
　　　예 다혜야, 같이 가자.

　　사. 부사격 조사: 에, 에서, 에게, (으)로, 와/과 등
　　　예 11시에 만나자.

(20가) 예문에서 '이'는 '하늘'이라는 체언이 '푸르다'에 대해 주어로서의 자격을 갖기 때문에 주격 조사가 된다.

(20나)의 '이다'는 '학생'에 붙어 서술어의 기능을 하게 만들기 때문에 서술격 조사가 된다.

(20다)의 '을'은 '밥'이 '먹었다'에 대해 목적어의 자격을 갖게 하기 때문에 목적격 조사가 된다.

(20라)의 '이'는 '사장님'이 '되다'의 보어 역할을 할 수 있도록 만들어주기 때문에 보격 조사가 된다.

(20마)의 '의'는 '엄마'를 '가방'을 관형어로 만들어 주기 때문에 관형격 조사가 된다.

(20바)의 '야'는 호격 조사로 누군가를 부를 때 쓰는 조사이다. 체언을 독립어로 만들어 준다.

마지막으로 (20사)는 부사격 조사의 예를 든 것으로, 그 수가 가장 많다. '에, 에서, 에게, (으)로, 와/과'가 붙은 말들은 모두 부사어로 볼 수 있다. 이에 대해서는 3강 부사어를 다시 살펴보기 바란다.


다음은 보조사를 살펴보도록 한다. 보조사는 문법적인 역할은 하지 않고, 특별한 의미를 더하는 조사이다. 아래는 보조사의 목록이고 괄호는 대표 의미이다.


- (이)나①(선택): 경영학과나 경제학과에 가고 싶어요.
- (이)나②(생각보다 많이): 김 부장님은 젊어 보이는데 쉰 살이나 되셨대요.
- (이)나마(아쉽지만 이 정도도 괜찮음): 조금이나마 도움이 되고 싶어요.
- (이)라도(차선): 죽이라도 좀 먹어야 힘을 내지요.
- 까지(미침): 여기까지 무슨 일로 왔어요?
- 도(역시): 아니야, 엄마는 너도 좋아해.
- 마다(균일): 쓰레기봉투를 집마다 나눠주었다.

- 마저(하나 남은 마지막까지): 가족은 아빠뿐이었는데 아빠마저 돌아가셨다.

- 만(단독): 엄마는 동생만 좋아해요.

- 밖에(더없음): 이제 지갑에 만원밖에 없다.

- 부터(시작): 아침부터 저녁까지 피아노만 쳤다.

- 와/과(접속): 꿈과 희망이 있는 나라

- 은/는(대조): 나는 크지만 동생은 작다.

- 은커녕/는커녕(물론): 아침 식사는커녕 물 한잔도 못 마시고 나왔어.

- 조차(극단의 경우까지 포함): 세수조차 하지 못하고 나왔다.


격조사는 나타나는 위치가 정해져 있다. 그러나 보조사의 자리는 그렇지 않다.


**(21)** 가. 너도 버스만 타니?

　　나. 가윤이만 지하철도 타고 버스도 타. 다른 사람들은 지하철은 안 타.

　　다. 나는 한국에서만 공부를 했다.

　　라. 그렇게 맵지는 않아.


(21가)의 '도'는 주격조사 자리에, '만'은 목적격조사 자리에 있다.

(21나)에서는 그 위치가 바뀌었다. '은'은 주격조사 자리에서도, 목적격조사 자리에서도 관찰된다.

(21다)에서는 보조사 '만'이 부사어 '한국에서' 뒤에 붙은 것을 볼 수 있다.

(21라)에서는 '맵지'의 뒤에 보조사 '는'이 붙었다. '-지' 뒤, 즉 연결어미 뒤에 붙은 것이다.

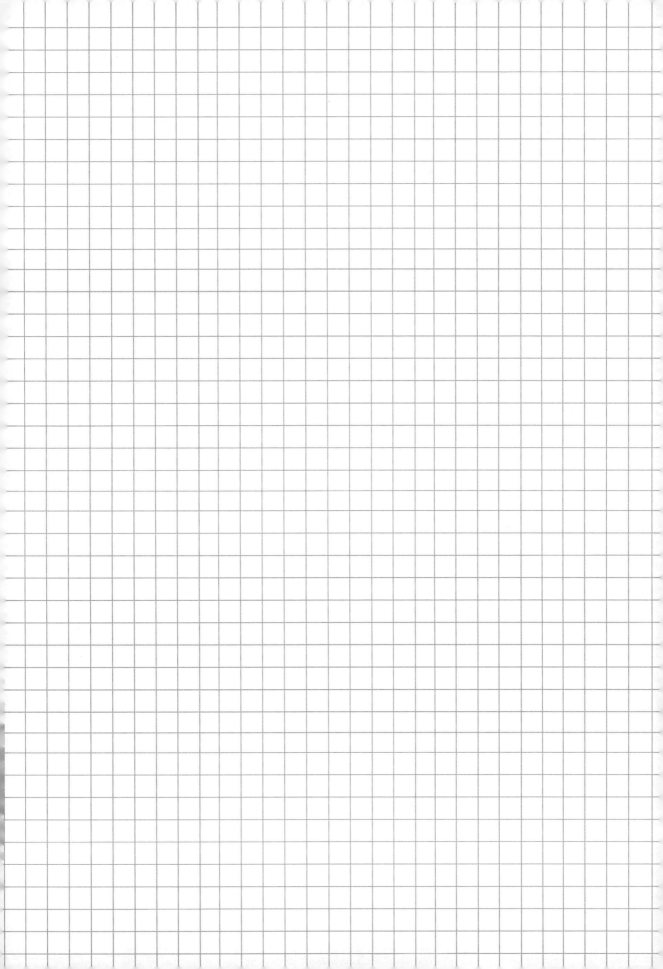

# 주격조사는 '이/가'인데
# 왜 '은/는'이 더 자주 쓰일까?

주격조사는 '이/가'이다. 그러나 우리는 주어에 '은/는'을 붙여 쓰는 경우를 쉽게 볼 수 있다.

**(1)** 가. 나는 미국 사람입니다.
　　　나. 사람은 누구나 죽습니다.

'나', '사람' 모두 주어다. 서술어의 주체이기 때문에 주어임을 알 수 있다. 그런데 왜 '이/가'를 붙이지 않고 대조의 의미를 가진 '은/는'을 붙였을까?

그것은 '나'나 '사람' 모두 주어임과 동시에 '주제어(topic)'이기 때문이다. 주제어란 문장에서 말하고자 하는 주요 표현이다. 자기소개를 예로 들어보자. 주제는 바로 '나'이다. 그래서 '나'를 다른 사람들과 구분하여, 즉 대조하면서 '나는'이라고 말하는 것이다.

(1나)에서 '사람은'이라고 말하는 것도 마찬가지다. '다른 것들과 대조하였을 때 사람은'이라는 의미를 갖는다.

본격적으로 하나의 주제를 두고 이야기하는 자리를 가정해보자. 주제는 '좋아하는 영화'이다. 이에 대해 가장 자연스러운 말들은 다음과 같을 것이다.

**(2)** 가. 내가 제일 좋아하는 영화는 봉준호 감독의 〈기생충〉입니다.
　　　나. 〈기생충〉은 사회의 문제를 잘 보여주는 것 같아요.

(2가)에서 '내가 제일 좋아하는 영화는'은 문장의 주제이다. (2나)의 주제는 '〈기생충〉'이다.

**(3)** 가. 우리 언니는 머리가 길어요.
　　　나. 머리는 우리 언니가 길어요.

(3가)에서 주제는 '우리 언니'다. 언니에 대해서 이야기하고 있는 것이다. (3나)의 주제는 '머리'다. '머리'에 대해서라면 우리 언니 얘길 해야 한다는 의미의 문장이 된다.

이처럼 한국어는 주제어가 주어 자리에 나타나는 언어이기 때문에, 대조의 의미를 가지면서 주제어를 나타내는 '은/는'이 주격조사 자리에 나타날 수 있는 것이다.
한편 '은/는'에 비해 '이/가'는 선택과 관련된 상황에서 자주 사용된다.

**(4)** 가. 나: 이 청바지에 무슨 색이 어울려?
　　　친구1: 하얀색이 어울려.
　　　친구2: ?하얀색은 어울려.

　　나. 선생님: 오늘 수업 후에 청소합시다, 누가 같이 할 수 있어요?
　　　학생1: 제가 하겠습니다.
　　　학생2: ??저는 하겠습니다.

(4가)의 질문에서 적절한 대답은 친구1의 대답이다. 친구2의 대답은 '다른 색은 안 어울려/모르겠어. 그러나 하얀색은 어울려.'라는 뜻으로 추측해 볼 수 있으나 매끄러운 이야기 상황이라 보기 어렵다.

(4나)의 질문에 대한 대답 역시 학생1이 자연스럽다. 학생2처럼 대답하면 '다른 학생들은 안 하겠지만'의 의미를 포함한다. 적절한 대답이 아니다.

## 6.5. 감탄사

　놀람, 느낌, 응답 등을 간단히 나타내는 말을 감탄사라고 한다. 감탄사는 자연스럽게 나오는 말이기 때문에 여러 가지 형태가 가능하지만, 언어권마다 자주 쓰는 감탄사가 존재한다.


(22)가. <u>어머나</u>, 부끄러워라.

　　나. <u>아뿔싸</u>! 내가 그 일을 미처 생각하지 못했네.

　　다. <u>글쎄</u>, 난 잘 모르겠는데.

　　라. <u>아니</u>, 왜 이렇게 결석이 많아?


　감탄사는 3강에서 보았듯이 독립어에 해당된다. 즉 문장성분에 직접적인 영향을 주지 않는다. 우리가 자주 쓰는 '네', '아니요'도 감탄사에 포함된다.

1. 여러분 언어에는 관형사가 있습니까? 한국어의 관형사와 비교해서 이야기해 봅시다. 관형사가 없다면 관형사와 같은 역할을 하는 어휘들이 어떤 형태를 하고 있는지 이야기해 봅시다.

2. 여러분 언어의 부사는 한국어의 부사와 무엇이 같고 무엇이 다릅니까? 여러분 언어의 부사에도 의문문과만 호응하거나 부정문과만 호응하는 것들이 있습니까?

3. 한국어의 조사는 특별한 품사입니다. 한국어 조사를 공부할 때 가장 어려운 점이 무엇이었습니까? 함께 이야기해 봅시다.

# 2

# 문장과 문법

**7강** 문장의 구조와 종류

**8강** 높임법과 부정문

**9강** 시제와 상

**10강** 태:피동과 사동

# 7강
## 문장의 구조와 종류

1. '언니는 머리가 길다.'라는 문장을 분석해 봅시다.

2. 어휘, 어절, 어구, 절, 문장의 개념을 조사해 봅시다. 그리고 예를 들어 봅시다.

3. 추운 날씨에 할머니가 곁에 있는 상황을 상상해 봅시다. 할머니께서 "아이고 춥구나. 얼어 죽겠어."라고 말씀하십니다. 이 문장은 무슨 의미일까요?

한국어의 문장은 크게 형태 범주와 기능 범주로 나누어 살펴볼 수 있다. 형태 범주로 나눈다는 것은 홑문장인지 겹문장인지, 겹문장 중에서도 이어진 문장인지 안긴 문장인지 등으로 구분한다는 것이다.

기능 범주로 나눈다는 것은 평서문, 의문문, 청유문, 명령문, 감탄문으로 구분한다는 것이다.

본 강에서는 형태 범주를 살펴보고 이어서 기능 범주를 공부하도록 한다.

## 7.1. 형태적 구분: 홑문장과 겹문장

### [1] 홑문장

서술어를 하나만 갖는 가장 기본적인 문장을 '홑문장' 또는 '단문' 한국어에서 홑문장은 다음과 같이 나눌 수 있다.

**(1)** 가. 준호가 똑똑하다.

　　　나. 준호가 우유를 마신다.

　　　다. 준호가 선생님이 되었다.

　　　라. 작은 아이가 준호다.

　　　마. 준호가 딸기로 주스를 만들었다.

(1가)는 주어와 서술어로 이루어진 문장이고, (1나)는 주어, 목적어, 서술어로 이루어진 문장이다. (1다)는 주어, 보어, 서술어로 이루어진 문장, (1라)는 관형어, 주어, 서술어로 이루어진 문장, (1마)는 주어, 부사어, 목적어, 서술어로 이루어진 문장이다.

## [2] 겹문장

홑문장이 2개 이상 결합되면 '겹문장' 또는 '복문' 결합 방법에는 두 가지가 있다. 첫째는 문장과 문장이 연결어미로 이어지는 방법, 둘째는 전성어미를 사용하여 한 문장을 다른 문장이 안는 방법이 그것이다. 먼저 이어진 문장을 살펴보도록 한다.

**(2)** 가. 동생은 도서관에 갔고 나는 학원에 갔다.

　　나. 동생이 도서관에 가서 집에는 아무도 없다.

(2가)는 '동생은 도서관에 갔다.'라는 문장과 '나는 학원에 갔다.'는 문장이 연결어미 '-고'에 의해 이어진 문장이다. 앞에 있는 문장을 '선행절', 뒤에 있는 문장을 '후행절'이라고 한다.

(2나)는 '동생이 도서관에 가다'라는 문장과 '집에는 아무도 없다'라는 문장이 연결어미 '-어서'로 이어진 문장이다. 역시 선행절과 후행절로 구성되어 있다.

그런데 (2가)와 (2나)는 선행절과 후행절의 관계에 차이를 갖는다. 다음 (3)을 보자.

**(3)** 가. 나는 학원에 갔고 동생은 도서관에 갔다.

　　나. 집에는 아무도 없어서 동생이 도서관에 갔다.

(3)은 (2)의 선행절과 후행절을 바꾸어 본 것이다. (3가)는 (2가)와 같은 의미가 되는

반면, (3나)는 (2나)와 완전히 다른 의미가 된다. (2가)처럼 선행절과 후행절을 바꾸어도 의미가 크게 달라지지 않는 문장 연결 형태를 '대등하게 이어진 문장'이라고 하고, (2나)처럼 의미가 달라지는 문장 연결을 '종속적으로 이어진 문장'이라고 한다.

대등적으로 이어진 문장은 주로 '나열'의 의미를 가진 '-고'와 '동시'의 의미를 가진 '-(으)면서', '대립'의 의미를 가진 '-지만', '-(은)ㄴ/는데' 등으로 만들어진다.

**(4)** 가. 비가 오고 바람이 분다.

　　 나. 나는 춤을 추면서 노래를 불렀다.

　　 다. 나는 키가 작지만 동생은 키가 크다.

　　 라. 나는 노래를 잘하는데 동생은 노래를 못한다.

(4)의 문장들은 선행절과 후행절을 바꾸어도 의미가 크게 달라지지 않는다.

**(5)** 가. 바람이 불고 비가 온다.

　　 나. 나는 노래를 부르면서 춤을 추었다.

　　 다. 동생은 키가 크지만 나는 키가 작다.

　　 라. 동생은 노래를 못하는데 나는 노래를 잘한다.

이번에는 종속적으로 이어진 문장을 살펴보자. 이러한 겹문장에서는 의미적으로 더 중요한, 주체가 되는 문장을 '주절'이라 하고, 이에 속하는 문장을 '종속절'이라고 한다.

**(6)** 가. 사람이 많아서 기분이 좋다.

　　 나. 사람이 많으면 기분이 좋아진다.

　　 다. 사람이 많아도 시끄럽지 않다.

라. 사람이 많은데 우리 다른 곳으로 갈까?

(6)의 경우 선행절과 후행절을 바꾸면 완전히 다른 의미가 된다. 즉 선행절과 후행절이 대등하지 않다는 말이다. 하나는 주절, 다른 하나는 종속절이 된다.

(6가)에서 주체가 되는 문장은 '기분이 좋다'이다. '사람이 많다'라는 종속절이 주절에 속해 있다. (6나)의 주절은 '기분이 좋아진다'이고, 종속절은 '사람이 많다'이다. (6다)의 종속절도 역시 '사람이 많다'이고, 주절은 '시끄럽지 않다'이다. (6라)도 마찬가지로 '우리 다른 곳으로 갈까?'가 주절이 된다. 이때 (6라)에는 (4라)와 같이 '-(으)ㄴ/는데'가 쓰였는데, 여기서 이 연결어미는 '대립'의 의미가 아니라 '배경'의 의미이다.

다음은 안긴문장과 안은문장을 살펴보도록 하자. 하나의 문장이 다른 절의 성분이 되어 안기는 형태의 문장이다. 그때 주절이 되는 문장을 '안은문장', 안은문장 안에 속하는 문장을 '안긴문장'이라고 한다. 안긴문장은 안은문장, 즉 주절의 한 성분이 된다.

**(7)** 가. [나는 [그가 떠났음]을 알았다.]

나. [나는 [사람들이 좋아하는] 노래를 만들고 싶다.]

다. [나는 [친구들이 잘 볼 수 있게] 손을 흔들었다.]

라. [선생님은 [우리가 시끄럽다고] 말했다.]

(7가)의 안은문장은 '나는 알았다'이고, 안긴문장은 '그가 떠났다'이다. 안긴문장은 목적어의 역할을 하고 있는데, 목적어가 되려면 체언(명사, 대명사, 수사)에 조사가 붙은 형태가 되어야 한다. 그러나 '그가 떠났다'는 동사로 끝나는 문장이다. 그렇다면 어떻게 할 것인가? 문장을 명사처럼 만들면 된다. 이 문장에 명사 전성어미 어미 '-(으)ㅁ'을 붙이면 문장이 명사처럼 쓰일 수 있다. 그리고 목적어가 될 수 있다.

그가 떠났- + -음 = 그가 떠났음

명사형 어미에는 그 밖에도 '-기'가 있다.

**(8)** 사람들 앞에서 노래하기가 쉽지 않다. [노래하- + -기]

이와 같이 명사와 같은 형태로 변한 문장을 '명사절'이라고 한다.

(7나)의 안은문장은 '나는 노래를 만들고 싶다'이다. 이때 '노래'는 다른 말의 수식을 받게 되는데 '노래'와 같은 명사를 수식할 수 있는 것은 관형어이다. 그러나 '사람들이 좋아하다'는 동사로 끝나는 문장이다. 그래서 이 문장에는 관형사형 전성어미 '-는'이 붙었고, 관형어처럼 행동하여 '노래'를 수식할 수 있게 되었다. 이렇게 관형어와 같이 체언을 수식할 수 있는 문장을 관형절이라고 한다. 관형사형 어미에는 이 밖에도 '-(으)ㄴ', '-(으)ㄹ', '-던'이 있다.

**(9)** 가. [[마당이 넓은] 집에서 살고 싶다.] : [마당이 넓- + -은]

나. [나는 [가족들이 먹을] 사과를 샀다.] : [가족들이 먹- + -을]

다. [이것은 [형이 신던] 신발이다.] : [형이 신- + -던]

다시 (7)로 돌아가보자. (7다)의 안긴문장은 '친구들이 잘 볼 수 있다'이다. 이 문장은 부사형 어미 '-게'와 만나 부사어의 역할을 하는 부사절이 되었다. 부사절이 되어 '손을 흔들었다'는 구문을 수식하고 있다.

(7라)의 안긴문장은 인용절이다. 인용절이란 다른 사람의 말을 주어의 입장에서 바꿔 말하는 문장이다. 인용절이 만들어지려면 '-다고/냐고/자고/라고'가 필요하다. 안은문장

인 '선생님은 말했다'는 인용절 '우리가 시끄럽다'를 안고 있다. 종결어미 '–다'에 인용조사 '고'가 결합된 '–다고'가 문장의 연결 고리다.

우리가 시끄럽- + -다고

인용하고 싶은 말이 사실을 말하는 평범한 문장(평서문)일 경우, 아래 (10가)와 같이 '–다고'가, 질문일 경우는 (10나)와 같이 '–냐고'가 붙는다. 다른 사람에게 명령하는 말일 때는 (10다)처럼 '–라고'가, 함께하자고 제안하는 청유문일 때는 (10라)처럼 '–자고'가 붙는다.

**(10)** 가. 그 사람은 여행을 간다고 했다.

　　　나. 그 사람은 내게 여행가냐고 했다.

　　　다. 그 사람은 내게 떠나라고 했다.

　　　라. 그 사람은 내게 같이 여행을 가자고 했다.

## [3] 주제어–평언(topic–comment) 구조

한국어는 영어나 프랑스어 같은 유럽 언어들과 다른 면이 많다. 특히 문장 구조에서 그러하다. 영어의 경우 주어와 서술어, 목적어가 한 선상 위에 있는 구조지만, 한국어는 다르다. 한국어는 주제어가 앞에 나오고 뒤에 '평언'이 따라 나오는데, 이 평언 안에 주어, 목적어, 서술어를 가진 문장이 들어 있는 구조이다. 이를 '주제어 중심 언어'라 부른다.

### 주제어 중심언어의 문장 구조

그림에서 주제어는 맨 앞에 나와 있다. 주제어 뒤에는 평언이 있는데 평언 아래층에 주어, 목적어 또는 보어, 그리고 서술어로 이어지는 문장이 있다. 이를 다르게 말하면 '주제어-평언 구조'와 '문장'은 '층위가 다르다'라고 말할 수 있다. 이 구조를 이해하면 한국어 문장을 말하는 게 보다 쉬워진다.

**(11)** 가. <u>요리 솜씨는</u> 엄마가 최고예요.

　　나. <u>물은</u> 셀프입니다!

　　다. <u>저는</u> 태국에서 왔습니다.

(11)의 밑줄 친 부분은 각각의 주제어이다. 각 문장에는 주제어와 관련된 이야기가 따라 나올 것이다. (11)의 문장 구조를 그려보면 아래와 같다.

| (11) | 주제어 | 평언 |
|---|---|---|
| 가 | 요리 솜씨는 | 엄마가 최고예요<br>[주어] [서술어] |
| 나 | 물은 | (물이) 셀프(서비스 품목)입니다!<br>[주어] [서술어] |
| 다 | 저는 | (제가) 태국에서 왔습니다<br>[주어] [부사어] [서술어] |

(11가)의 주제어는 '요리 솜씨는'이다. 주제어임을 나타내기 위해 대조의 의미를 가진 조사 '는'이 붙었다. 요리 솜씨에 관해 이야기를 해보면, 다른 누구와 비교했을 때 엄마가 제일 훌륭하다는 의미의 문장이 이어지고 이것은 평언 안에 속한다.

(11나)와 (11다)의 주제어는 각각 '물은'과 '저는'이고 이들은 평언의 주어와 동일하다.

그래서 평언에서는 주어가 다시 나타나지 않았다. 좀 더 자세히 살펴보면, (11나)에서는 '물'에 대해서 이야기하고 있고, 물은 '셀프(서비스 품목)이다'라는 설명이 서술어에 나와 있다. (11다)에서는 자기 자신이 주제가 되고, 평언에서 자신에 대한 설명을 하고 있는 것이다.

# 주어 중에 '은/는'을
# 쓸 수 없는 주어가 있다!

　　명사절, 관형절의 주어 뒤에는 오직 '이/가'만 붙일 수 있다. 인용절의 주어는 '은/는, '이/가' 모두와 결합할 수 있다.

- 친구들은 이미 출발했다. 민수는 (그것을) 알았다.
  → 민수는 [친구들이 이미 출발했음]을 알았다.

- 학생들은 수업을 신청했다. 학생들은 그 과목을 인터넷으로 확인할 수 있다.
  → 학생들은 [자기가 신청한] 과목을 인터넷으로 확인할 수 있다.

- 나는 안 나갈 거예요. 윤희는 큰소리로 말했다.
  → 윤희는 [자기는 안 나갈 거―]라고 큰소리로 말했다.

한국어의 문장은 기능에 따라 평서문, 의문문, 청유문, 명령문, 감탄문으로 나뉜다. 이들은 어말어미 즉 종결어미에 따라 구분된다. 아래에서 자세히 살펴보자.

## [1] 평서문

가장 기본이 되는 문장이다. 어떤 사실을 이야기하거나 화자의 생각을 표현할 때 평서문으로 이야기한다. 평서문 종결어미로는 '-다', '-습니다', '-어/어요'를 비롯하여, '-을게', '-을래', '-오', '-지' 등이 있다.

> **(12)** 가. 사람들이 웃는다.
>
> 나. 아기가 웃지 않아요.
>
> 다. 나는 매운 음식을 못 먹습니다.
>
> 라. 내가 청소할게.
>
> 마. 난 엄마하고 잘래요.
>
> 바. 자네가 먼저 일어서시오.
>
> 사. 그 일에 대해서는 내가 제일 잘 알지.

(12가)는 평서형 어미 '-다'로 끝나는 평서문이다. 주로 글 쓸 때 사용되는데 글에 쓰는 문장 형식을 '문어체'라고 한다. (12나)는 부정의 보조 용언 '-지 않다'가 포함된 평서문으로 '-어요'로 끝나고 있다. 비격식적 상황에서 화자보다 나이가 많은 사람, 친분이 없는 사람에게 사용된다. 나이가 어린 사람에게는 반말의 '-어'를 쓴다.

(12다)는 부정 부사 '못'과 '-습니다'가 포함된 평서문이다. '-습니다'는 격식적인 상황

에서 화자보다 나이가 많은 사람에게 쓰는 종결어미이다. (12라)는 자신의 의지를 표현할 때 쓰는 '-을게'로 끝나는 평서문이다. 단순히 문장을 끝내는 것이 아니라 문장에 대한 화자의 태도, 즉 양태를 포함하고 있다.

(12마)에도 양태를 포함하는 '-을래'가 쓰였는데, 이 종결어미 역시 화자의 의지를 포함하고 있다. 제3부에서 다시 자세히 설명하겠지만, '-을게'는 청자의 이익을 위해 화자가 무언가를 하겠다는 뜻이고, '-을래'는 청자의 생각과 상관없이 화자가 무언가를 하겠다는 의지를 그 의미로 가지고 있다.

(12바)의 '-오'는 청자가 화자보다 나이가 많지는 않지만, 높여 부르고 싶을 때 쓰는 종결어미다. 이에 대해서는 높임법에서 다시 다루도록 한다. (12사)의 '-지'는 어떤 사실을 긍정적으로, 다정하게 설명할 때 쓰는 종결어미이다. 역시 평서문을 만든다.

## [2] 의문문

질문할 때 사용하는 문장이다. 한국어의 의문문은 어순이 평서문과 같다. '-냐', '-니', '-(으)ㄹ까요', '-(으)ㄴ/는가', '-습니까' 등을 종결어미를 쓰고, 물음표(?)로 끝낸다. '-어요'로 끝나는 문장은 특별한 변형 없이 물음표만 붙여도 의문문이 된다.

**(13)** 가. 머리가 아프<u>냐</u>?

나. 제가 먼저 노래를 부<u>를까요</u>?

다. 한국어를 배우는 이유는 무<u>엇인가</u>?

라. 언제 밖으로 나가<u>셨습니까</u>?

마. 한국 음식을 만들 수 있<u>어요</u>?

(13가)는 의문형 종결어미 '-냐'가 붙어 만들어진 종결어미로 나와 나이가 같거나 어린

사람들에게 질문할 때 쓰는 문장이다. (13나)의 '-(으)ㄹ까요'는 상대의 의견을 물을 때, 추측을 하면서 질문할 때 쓰는 어미로 역시 의문문을 만들고 있다.

(13다)의 '-(으)ㄴ/는가'는 현재의 사실에 대해 물을 때 쓰는 종결어미이다. (13라)에는 '-습니까'가 붙어 있는데, 이 종결어미는 '-습니다' 문체에서 질문을 할 때 쓰는 것이다.

한편 (13마)에서 보듯이 '-어요' 끝나거나 혹은 반말체 '-어'로 끝나는 문장은 물음표를 붙이기만 하면 의문문이 된다. 물론 말할 때는 문장 끝의 억양을 올려야 한다.

**(14)** 가. 엄마: 숙제 다 했어?

　　　아들: 예.

　　나. 엄마: 집에 언제 들어오니?

　　　딸: 저녁 8시쯤이요.

(14)은 의문문과 그 대답으로 이루어진 대화인데, 대답의 형식에 차이가 있다. (13가)의 질문은 '예'나 '아니요'로 대답할 수 있는 의문문인 반면, (3나)의 질문은 구체적인 내용으로 대답해야 하는 의문문이다. 이때 (14가)와 같은 의문문을 '판정 의문문'이라고 하고, (14나)와 같은 의문문을 '설명 의문문'이라고 한다. 설명 의문문은 '어디', '언제', '누구', '무엇', '어떻게', '왜', '몇'과 같은 말들과 함께 문장을 만든다.

**(15)** 가. 건강보다 중요한 것이 어디 있겠는가?

　　나. 오늘 영화 재미있었어. 그렇지?

한편, (15가)와 같이 청자의 대답을 기대하지 않는 질문도 있다. 화자는 이미 답을 정해 놓고 있다. 이 문장은 '건강이 가장 중요하다.'라는 뜻을 가진다. 이러한 의문문을 '수사 의문문'이라고 한다.

(15나)는 '부가 의문문'이다. 앞 문장의 내용을 상대방에게 확인받거나 동의를 구하는 질문으로 '그렇지?', '안 그래?' 등 짧은 형식으로 이루어진다.

## [3] 명령문

명령한다는 것은 나이가 많은 사람, 또는 사회적 지위가 높은 사람이 자신보다 아랫사람에게 하는 행위이다. 따라서 문장의 형태도 '-어라'만 존재해야 한다. 그러나 우리의 실제 생활에서는 아랫사람이 아닌 사람에게도 행동 변화를 요구하는 경우가 많다. 이때 '-(으)세요'나 '-(으)십시오'를 써서 명령의 문장을 만든다.

> **(16)** 가. 자리에서 앉<u>아라</u>.
>
> 나. 자리에 앉<u>으시오</u>.
>
> 다. 자리에 앉<u>으십시오</u>.
>
> 라. 자리에 앉<u>으세요</u>.
>
> 마. 자리에 앉<u>아요</u>.
>
> 바. 자리에 앉<u>아</u>.

(16가)의 '-어라'는 명령문을 만드는 대표 어미이다. (16나~바)의 문장도 상황에 맞게 명령문으로 쓰일 수 있다.

명령문은 청자의 행동 변화를 요구하는 문장이므로 동사와 함께 쓰인다. 시제 선어말 어미가 붙을 수 없다. 한편 다음과 같은 문장은 예외적으로 볼 수 있는 문장이다.

> **(17)** 가. 행복하세요.
>
> 나. 올해도 건강하세요.

'행복하다'와 '건강하다'는 형용사이지만 '-(으)세요'와 함께 쓰이는 것이 어색하지 않다. 이때는 명령이라기보다 '기원'의 의미라고 보아야 할 것이다.

'금지'를 나타낼 때는 '-지 말다'를 함께 쓴다.

**(18)** 가. 자리에 앉지 마라. ( ← *자리에 앉지 않아라.)

　　　나. 자리에 앉지 마세요. ( ← *자리에 앉지 않으세요.)

(18)과 같이 금지의 의미를 가진 명령문을 만들 때는 '-지 마라', '-지 마세요' 등을 붙인다. '-지 않아라'를 쓰지 않는다.

한편, 형태적으로 비슷한 '-(으)라'와 '-어라'를 구분할 필요가 있다. '-(으)라'는 문어체에서 쓰는 명령형의 종결어미이다. '노래하라', '쓰라', '말하지 말라'와 같이 쓰인다. 현대 한국어에서는 누구인지 알 수 없는 독자들에게 글을 쓸 때, 또는 시험 문제를 출제할 때 '-(으)라'를 써 명령하는데 이를 '간접 명령문'이라 한다.

반면 '-어라'는 일상생활에서 쓰는 종결어미로 '직접 명령문'을 만든다. '노래해라', '써라', '말하지 마라'와 같이 활용한다.

**(19)** 가. 더 크게 웃으라.

　　　나. 더 크게 웃어라.

　　　다. 진실만을 말하라.

　　　라. 무엇이 사실인지 말해라.

(19가)는 '웃-'에 '-(으)라'가 붙어 만들어진 간접 명령문으로 그 대상이 누군지 알 수 없다. 또는 이 문장은 책 제목일 가능성도 있다. 반면 (19나)는 동생이나 친구에게 할 수

있는 일반적인 명령문이다.

(19다)는 '말하–'에 '–(으)라'가 붙어 만들어진 간접 명령문이다. 이 또한 책 제목 같은 뉘앙스가 있다. (19라)는 '말하–'에 '–어라'가 붙은 직접 명령문이다. 이 문장에서 화자는 청자가 누구인지 알고 있을 것이다.

## [4] 청유문

'청유문'은 상대방에게 함께 어떤 행동을 하기를 요청하거나 제안할 때 쓰는 문장이다. 주어는 생략되어 있는 경우가 많지만, 화자를 포함한 1인칭 '우리'임이 약속된 문장이다.

**(20)**가. 교통질서를 잘 지키자.

나. 서로 돕는 세상을 만듭시다.

다. 같이 운동하러 갈까요?

라. 우리 영화 동아리를 만드는 게 어때?

청유형을 만드는 대표 종결어미는 '–자'와 '–(으)ㅂ시다'이다. 그러나 의미상 '함께 행동을 바꾸자'라는 요구가 들어 있으면 모두 청유문에 해당한다. (20다, 라)처럼 '같이 ~ 을까요?'나 '우리 ~ 는 게 어때?' 구성이 청유문을 만드는 데 쓰인다.

청유문은 청자의 행동 변화를 요구하는 문장이기 때문에 동사를 써야 한다. 형용사를 쓸 수 없다. 또한 과거시제나 미래시제를 함께 쓸 수 없다.

**(21)** 가. *우리 똑똑하자.

나. *자연을 보호하겠읍시다.

(21가)는 형용사 '똑똑하다'가 쓰였기 때문에 틀린 문장이다. '똑똑하게 생각하자'로 바꿔 쓰는 것이 좋겠다. (21나)는 미래시제 선어말 어미 '-겠-'이 붙어 틀린 문장이 되었다. 앞으로의 일이지만, 청유문은 항상 시제 선어말 어미 없이 구성된다.

## [5] 감탄문

'감탄문'은 마음속에 있는 말을 감탄하며 말할 때 사용하는 문장의 한 종류이다. 다른 사람의 대답이나 행동을 요구하지 않는다는 점에서 평서문과 비슷하다. 주로 사용되는 문장의 종결형은 다음과 같다.

**(22)** 가. 날씨가 참 좋군요!

　　　나. 날씨가 참 좋구나!

　　　다. 날씨가 참 좋네!

(22)의 예문 모두 감탄을 나타내는 문장이다. 특징적인 것은 의문문이 물음표(?)를 필요로 하듯이, 감탄문은 느낌표(!)를 필요로 한다는 것이다. 바꿔 말하면 느낌표가 있으면 감탄문이 된다.

**(23)** 가. 그림이 아주 멋있다!

　　　나. 그림이 아주 멋있습니다!

　　　다. 그림이 아주 멋있어요!

　　　라. 그림이 아주 멋있어!

(23)의 예문들은 평서문에 느낌표를 붙인 것들이다. 이때 형태는 평서문이지만, 의미상

감탄문이라 부를 수 있다. 정리하자면, 감탄문은 주로 '-군요', '-구나', '-네'의 종결어미로 끝나지만, 상황에 따라 평서문의 모양을 하고서도 감탄문이 될 수 있다는 것이다.

1. 여러분의 언어는 주제어 중심 언어입니까, 주어 중심 언어입니까? 모어에서 주제어
   는 어떻게 드러나는지 이야기해 봅시다.

2. 수사 의문문을 만들어 이야기해 봅시다.

3. 여러분의 언어에서 감탄문을 만드는 방법에 대해 이야기해 봅시다.

# 8강
# 높임법과 부정문

😊 **생각하기**

1. 한국 사람과 이야기를 하다가 높임법을 제대로 사용하지 못해 당황하거나 피해를 본 적이 있습니까?

2. 할아버지와 이야기하는 상황을 상상해 봅시다. "아버지가 이곳으로 온다."라는 문장을 할아버지께 어떻게 말씀드리면 좋을까요? 높임법을 사용해야 할까요?

3. 한국어 어휘 중에는 앞에 '불-'이 붙어서 반대의 의미를 만드는 경우가 있습니다. "의자가 편하다."의 반대말은 "의자가 불편하다."입니다. "의자가 불편하다."라는 문장은 부정문입니까?

한국어는 '높임법'이 발달한 언어이다. 높임법이란 남을 높이는 문법이다. 남을 높이는 방법에는 말하는 자신을 낮추는 방법도 포함되어 있다. 즉, 화자가 청자를 고려한 말하기, 주어를 높이거나 낮추는 말하기, 또는 말하고자 하는 대상을 높이거나 낮추는 말하기, 그에 맞게 어휘, 조사, 높임 선어말어미, 종결어미 등을 선택하는 말하기 방법을 모두 모아 높임법이라 한다.

높임법은 크게 주체 높임법, 객체 높임법, 상대 높임법으로 나뉜다. 이를 자세히 살펴보도록 하자.

## [1] 주체 높임법

먼저 문장의 주어를 높이는 높임법이 있다. 이를 '주체 높임법'이라 한다.

**(1)** 가. 할아버지께서 노래를 부르신다.

　　나. 할아버지께서 댁에 가신다.

　　다. 할머니께서 진지를 잡수신다.

(1)의 주어인 할아버지와 할머니는 화자보다 나이가 많아 높임법을 써야 한다. 따라서 주어에 모두 높임의 의미를 가진 주격조사 '께서'를 썼다. 또한 서술어에 '-(으)시-'가 포

함되어 있다.

그 밖에 (1나)에는 장소 부사어에 '집'을 높이는 '댁'이 쓰였다. 어휘가 달라진 것이다. (1
다)에서는 목적어인 '밥을'이 '진지를'이 되었고, '먹는다'라는 서술어가 '잡수신다'가 되었
다. '진지'는 '밥'을 높여 부르는 말이고, '잡수다'는 '먹다'를 높인 말이다. 이에다가 또
'-(으)시-'가 붙어 '잡수시다'가 되었다.

**(2)** 가. 할아버지의 한복이 아름다우<u>시</u>다.

　　　나. 우리 할머니는 생각이 젊으<u>시</u>다.

한편 (2)는 할아버지와 할머니를 높인 것이 아니라 할아버지의 '한복'과 할머니의 '생각'을
높이고 있다. 이처럼, 주어의 소유물, 신체 부분, 의견 등도 종종 높임의 대상이 되어 서술어
에 높임 선어말 어미 '-(으)시-'와 함께 쓰이곤 하는데, 이를 '간접 높임'이라고 한다.

일반적인 주체 높임법에서는 '계시다', '편찮으시다', '잡수시다', '주무시다'와 같은 말이
어려움 없이 사용되지만, 주체 높임법 중 간접 높임에서는 이러한 어휘를 사용하지 않고
다만 서술어에 '-(으)시-'를 포함할 뿐이다.

**(3)** 가. 할아버지, 지금 댁에 계세요?

　　　나. 할아버지, 자동차 <u>있으세요</u>?

(3나)의 '있으세요' 자리에 '계세요'를 쓰지 않는다.

## [2] 객체 높임법

객체 높임법은 문장의 목적어나 부사어를 높이고자 할 때 사용하는 방법이다. 부사격

조사 '에'는 '께'가 되고, '모시다', '드리다', '뵙다', '여쭈다'등의 동사가 쓰인다.

**(4)** 가. 제가 할아버지<u>께</u> 선물을 <u>드렸어요</u>.

나. 동생이 할머니를 <u>모시고</u> 왔다.

다. 서울 오기 전에 할머니를 <u>뵙지</u> 못한 것이 후회된다.

라. 궁금한 것이 있을 때 김 선생님<u>께</u> <u>여쭈어도</u> 될까요?

(4가)는 선물을 받는 대상인 할아버지를 높이기 위해 '에게'를 '께'로 바꾸었고, '주다'를 '드리다'로 바꾸었다. (4나)에서는 문장의 목적어인 할머니를 높이기 위해 '데리다'가 아니라 '모시다'를 썼다. (4다) 역시 목적어 할머니를 높이기 위해 '보다' 대신 '뵙다'를 선택했다. (4라)는 문장의 부사어, 즉 질문받는 대상인 선생님을 높이기 위해 조사 '께'와 '여쭈다'를 썼다.

## [3] 상대 높임법

상대 높임법은 청자를 높이는 방법이다. 한국어의 높임법 가운데 가장 발달한 영역이다. 종결어미의 형태로 높임이 실현되는데, 상대 낮춤과 함께 알아두면 좋다.

| | 격식체 | | 비격식체 | |
|---|---|---|---|---|
| 존댓말 | 아주 높임 | 하십시오 | 두루 높임 | 해요 |
| | 예사 높임 | 하오 | | |
| 반말 | 예사 낮춤 | 하게 | 두루 낮춤 | 해 |
| | 아주 낮춤 | 해라 | | |

먼저 존댓말부터 보도록 하자. 격식체의 아주 높임, '하십시오' 체는 말 그대로 청자를

매우 높이고자 할 때 쓴다. 높이기는 하지만 아주 높임은 아닌 경우에는 '하오'가 쓰인다. 그러나 현대 한국어에서 '하오'체는 많이 쓰이지 않는다.

**(5)** 가. 할아버지, 동생이 집으로 <u>갑니다</u>.

나. 할아버지, 동생이 집으로 <u>갑니까?</u>

다. 할아버지, 댁으로 <u>가십시오</u>.

라. 할아버지, 댁으로 같이 <u>가시지요</u>.

'하십시오'체는 (5)와 같은 모습을 보인다. 청자가 화자보다 나이가 많거나 사회적 지위가 높은 경우 쓰이는 종결어미들이다. 예사 높임의 '하오'체는 (6)과 같다.

**(6)** 가. 여보시오, 제 동생이 지금 집으로 가<u>오</u>.

나. 여보시오, 제 동생이 지금 집으로 가<u>오?</u>

다. 여보시오, 지금 당장 나가시<u>오</u>.

라. 여보시오, 함께 <u>갑시다</u>.

마. 동생이 형과 함께 이곳에 왔<u>소</u>.

(6가~다)는 평서문, 의문문, 명령문이 모두 '-오'로 끝나고 있다. 현대 한국어에서 사라져가고 있는 종결어미이다. 그러나 (6라) 청유문의 '-(으)ㅂ시다'는 활발히 사용되고 있는 종결어미다. (6마)는 종결어미 '-오'가 과거시제와 함께 쓰였을 때 '-소'로 쓰임을 보이고 있다. 미래시제와 함께 쓰일 때도 마찬가지다. '가겠소'와 같이, '-오' 대신 '-소'가 쓰인다.

존댓말 가운데 '해요'는 비격식체의 종결어미다. (7)과 같이 모든 '해요'체는 모든 문장 종결어미를 대신할 수 있다.

**(7)** 가. 엄마, 제가 그쪽으로 가고 있<u>어요</u>.

나. 엄마, 언니가 오고 있<u>어요</u>?

다. 엄마, 이쪽으로 오세<u>요</u>.

라. 엄마, 함께 뛰<u>어요</u>.


(7가)는 평서문, (7나)는 의문문이지만 같은 '-어요'로 끝나고 있다. (7다) 역시 '오- + -(으)시- + -어요'가 줄어든 말, '오세요'가 쓰였다. (7라) 청유문도 '-어요' 형태로 끝난다.


이번에는 반말을 보도록 하자. 아주 낮춤의 '해라'체는 앞서 7강에서 설명하였듯, 나보다 나이가 어리거나 사회적 지위가 낮은 사람에게 사용할 수 있는 종결어미다.


**(8)** 가. 동생아, 오늘은 내가 라면을 끓인<u>다</u>.

나. 동생아, 라면 끓이<u>냐</u>?

다. 동생아, 라면 끓<u>여라</u>.

라. 동생아, 라면 끓이<u>자</u>.

마. 동생아, 라면 끓이는<u>구나</u>!


(8)은 평서문, 의문문, 명령문, 청유문, 감탄문을 순서대로 보인 것이다.

한편, 청자가 나보다 나이가 어리거나 사회적 지위가 낮더라도 아주 낮추고 싶지 않다면 예사 낮춤의 문장을 쓸 수 있다.


**(9)** 가. 학생, 나는 이쪽으로 가<u>네</u>.

나. 학생, 어느 쪽으로 가<u>는가</u>?

다. 학생, 빨리 가게.

라. 학생, 같이 가세.

(9)는 각각 평서문, 의문문, 명령문, 청유문이다. 감탄문 종결어미는 '-구먼'이 있으나 현대 한국어에서는 잘 쓰이지 않는다. 이와 같은 '하게'체는 보통 교수님이 나이 많은 학생에게, 장인어른과 장모님이 사위에게 쓴다. 그러나 '하오'체와 같이 점점 사라져가는 종결어미들이라 할 수 있다.

다음은 비격식체 두루 낮춤을 보도록 하자. '해라'체보다 다정한 느낌을 주는 반말체이다.

**(10)** 가. 주희야, 나는 요즘 소설책을 읽고 있어.

나. 주희야, 너는 이 책을 읽을 수 있어?

다. 주희야, 책 좀 많이 읽어.

라. 주희야, 이 책 같이 읽어.

마. 주희야, 저 강아지 너무 귀여워!

(10)은 '해'체의 평서문, 의문문, 명령문, 청유문, 감탄문의 예를 보인 것이다. 종결어미 '-어'만으로 모든 문장을 만들 수 있다.

## 8.2. 부정문

한국어 문장에서 부정문을 만드는 방법은 두 가지이다. 첫째 부정 부사로 만드는 방법, 둘째 부정의 보조 용언으로 만드는 방법이 그것이다.

먼저 부정 부사로 만드는 부정문을 살펴보도록 하자.

# [1] 부정 부사

한국어의 부정 부사에는 '안'과 '못'이 있다. '안'은 문장을 반대의 의미로 만들 때 사용한다.

**(11)** 가. 날씨가 안 좋아요.

　　나. 오늘은 점심을 안 먹어요.

　　다. 오늘은 안 피곤해요.

　　라. ???오늘은 안 공부해요.

　　라'. 오늘은 공부 안 해요.

(11가)는 '날씨가 좋아요'의 반대 의미를 지니고, (11나)는 '오늘은 점심을 먹어요'를 부정하고 있다. (11다)와 (11라)에서 주목할 점은 '하다'가 붙은 용언 앞에서 '안'이 어느 위치에 있는가 하는 점이다. (11다)의 '피곤하다'는 형용사이고 (11라)의 '공부하다'는 동사다. 형용사일 때는 그 말을 부정하기 위해 '안'이 바로 앞에 붙지만, 동사일 때는 '하다' 앞에 온다는 특징이 있다.

이번에는 부정 부사 '못'을 보도록 하자.

**(12)** 가. *날씨가 못 좋아요.

　　나. 오늘은 점심을 못 먹어요.

　　다. *오늘은 못 피곤해요.

　　라. ???오늘은 못 공부해요.

　　라'. 오늘은 공부 못 해요.

'못'은 능력을 부정할 때 사용하는 부정 부사이다. 따라서 동사와 쓰일 때 자연스럽다. 결국 (12가)와 (12다)는 틀린 문장이 된다. (11나)와 비교했을 때 (12나)는 같은 부정이지만 의미 차이를 갖는다. (11나)는 화자의 뜻대로 안 먹는 것인 반면, (12나)는 어떤 이유 때문에 불가능함을 의미한다. '못' 부사 역시 '하다'가 붙은 동사와 쓰일 때는 '하다' 바로 앞에 위치한다.

## [2] 부정의 보조 용언

부정의 보조 용언에는 '않다'와 '못하다', '말다'가 있다. 먼저 '않다'와 '못하다'를 살펴보도록 하자. 이들은 주로 '-지 않다'와 '-지 못하다'의 형태로 쓰인다.

**(13)** 가. 날씨가 좋지 <u>않다</u>.

나. 오늘은 점심을 먹지 <u>않는다</u>.

다. 오늘은 피곤하지 <u>않다</u>.

라. 오늘은 공부하지 <u>않는다</u>.

'-지 않다'는 동사, 형용사 모두와 결합할 수 있고, 의미는 부정 부사 '안'과 같다. 이번에는 '-지 못하다'를 살펴보자.

**(14)** 가. 날씨가 좋지 <u>못하다</u>.

나. 오늘은 점심을 먹지 <u>못한다</u>.

다. *오늘은 피곤하지 <u>못하다</u>.

라. 오늘은 공부하지 <u>못한다</u>.

부정 부사 '못'은 동사와만 어울려 쓰이면서 능력을 부정했는데, '-지 못하다'는 형용사와 함께 쓰일 수 있다. 형용사와 쓰일 때는 그 상태가 이루어지지 않았다는 뜻이다. 그러나 (4가)는 자연스러운 데 반해, (4다)는 그렇지 못하다. 즉 '-지 못하다'와 함께 쓰이는 형용사들은 주로 긍정적인 것들로, 화자가 그렇게 이루어졌으면 하는 것들이 함께 쓰인다.

**(15)** 가. 우리 강아지는 <u>똑똑하지 못하다</u>.

나. ???우리 아이는 <u>게으르지 못하다</u>.

(15나)와 같이 의미가 좋지 않은 형용사는 '-지 못하다'와 함께 쓰이는 것이 부자연스럽다.

부정의 보조 용언에서 잊지 말아야 할 것은 앞에 쓰이는 본용언이 동사일 때는 보조동사가, 형용사일 때는 보조 형용사가 된다는 것이다. 문장 종결형이 '않다/않는다', '못하다/못한다'로 끝나는 것은 바로 그 때문이다. 동사에만 현재시제 '-ㄴ/는'이 붙을 수 있다.

다음은 '말다'를 보도록 한다. 이 보조용언은 '-지 말다' 형태로 쓰이고 동사와만 결합하는 보조 동사이다. 그런데 활용이 까다로워서 평서문이나 감탄문에는 쓰이지 않고 의문문, 명령문, 청유문에만 쓰인다.

**(16)** 가. *나는 청소를 <u>하지 만다</u>.

나. 지금 <u>청소하지 말까</u>?

다. <u>청소하지 마라</u>.

라. <u>청소하지 말자</u>.

마. *<u>청소하지 마는구나</u>!

'-지 말다' 부정문은 주로 '-지 마세요', '-지 마라' 형태로 쓰이지만, 다음과 같은 형태로 문장 안에서 쓰이기도 한다.

**(17)** 가. 나는 네가 학교를 그만두지 <u>말았으면</u> 좋겠다.

나. 교실에서 뛰지 <u>말기를</u> 바랍니다.

다. 은혜를 잊지 <u>말게</u> 해주세요.

## [3] 부정의 의미를 가진 어휘들

한국어에서 부정문을 만드는 문법은 앞에서 살펴본 다섯 가지이다. 즉 '안', '못', '-지 않다', '-지 못하다', '-지 말다' 등이 포함되어 있으면 그 문장을 부정문이라고 한다. 그런데 부정문은 아니지만 부정적 의미를 갖는 어휘들이 문장을 이루는 경우도 있다. 이들은 크게 부정적 의미를 가진 서술어와 부정적 의미를 가진 접두사로 나누어 볼 수 있다.

**(18)** 가. 나는 선생님이 <u>아니다</u>.

나. 나는 너를 <u>몰랐다</u>.

다. 나는 시간이 <u>없었다</u>.

(18)의 '아니다', '모르다', '없다'는 각각 '이다', '알다', '있다'의 반대말로 부정의 의미를 가지고 있다. 그러나 (18)을 부정문이라 부르지 않는다. 부정문이 되려면 (19)와 같아야 한다.

**(19)** 가. 나는 선생님이 아니지 <u>않다</u>.

나. 나는 너를 모르지 <u>않았다</u>.

다. 나는 시간이 없지 <u>않았다</u>.

한편 한자어 접두사가 부정의 의미를 가지고 있어서 문장을 부정문처럼 보이게 하는 경우도 있다.

**(20)**가. 침대가 불편하다.

　　나. 그 사람의 행동은 비인간적이었다.

　　다. 그 작품은 미완성이었다.

　　라. (이제 그런 일은 익숙해져서) 무감각하다.

(20가)에는 부정을 뜻하는 '불-', (20나) 역시 부정의 '비-'가 쓰였다. (20다)에는 '부족'의 뜻을 가진 '미-'가, (20라)에는 '없음'을 뜻하는 '무-'가 쓰였다. 모두 부정적 의미를 담고 있지만 이들을 부정문이라 부르지는 않는다. 이들이 부정문이 되려면 모습이 바뀌어야 한다.

**(21)** 가. 침대가 불편하<u>지 않</u>다.

　　나. 그 사람의 행동이 비인간적이<u>지 않았다</u>.

　　다. 그 작품은 미완성이<u>지 않았다</u>.

　　라. 무감각하<u>지 않</u>다.

1. 여러분의 언어는 예의 있게 말할 때 어떤 어휘나 문법을 사용합니까?

2. 부정 부사 '안'과 보조 용언 '-지 않다'는 똑같은 의미입니까? 만일 차이가 있다면 어떠한 차이가 있습니까? 예문을 만들어서 설명해 보십시오.

3. 여러분의 언어와 한국어의 부정문을 비교해 봅시다. 여러분 언어의 부정문은 어떻게 만들어집니까?

# 9강
# 시제와 상

1. 시간을 나타내는 어휘들을 아는 대로 써 봅시다. 어떤 것들이 있습니까? 같은 범주 끼리 묶어 봅시다.

2. "감기에 걸립니다."라고 말하지 않고 "감기에 걸렸습니다."라고 말합니다. 왜 과거형으로 말할까요?

3. '1시간 동안 밥을 먹었습니다.'는 자연스러운데, '1시간 동안 공항에 도착했습니다.'는 자연스럽지 않습니다. 왜 그럴까요?

자연의 시간을 언어로 표현하는 방법에는 두 가지가 있다. 하나는 시간 어휘로 표현하는 방법이고 다른 하나는 시간 문법으로 표현하는 방법이 있다. 시간 문법이라 함은 시제와 상 두 가지를 일컫는다. 본 강에서는 시제와 상에 대해 살펴보도록 한다.

## 9.1. 시제

시제는 자연의 시간을 인간의 언어로 가지고 와서 문법으로 만든 것이다. 자연의 시간이란 과거, 현재, 미래와 같은 개념이다. 우리는 이러한 시간에 대해 말할 때 '-었-', '-겠-'과 같은 문법을 써서 말하는데, 이것들이 바로 '시제 선어말 어미'이다. 이에 대해 자세히 살펴보도록 한다.

## [1] 시점

화자는 어떤 사건이나 상황에 대해 이야기하기 위해서는 '시점'이 필요하다. 아래와 같은 대화 상황을 가정해보자.

**(1)** (오후 1시, 친구와의 대화)

　　선호: 나는 발표 준비했어

　　주희: 난 오늘 밤에 할 거야.

선호와 주희는 오후 1시에 발표 준비에 관한 이야기를 나누고 있다. 먼저 선호를 살펴보면, 말하고 있는 시간은 1시이다. 이 말하는 시간을 '발화시'라고 한다, 그리고 발표를 준비한 시간을 '사건시'라고 한다. 즉 발표를 준비한 시간은 1시 이전이다. 정리하자면, (1)에서 선호는 **발화시를 기준으로 사건시가 이전**인 내용, 즉 **사건시가 발화시를 앞선** 이야기를 하는 것이고 우리는 이를 '과거시제'라 한다.

주희는 '오늘 밤에 할 거야'라고 답한다. 주희의 발화시는 선호와 마찬가지로 대화하는 바로 그 순간이다. 그러나 준비하는 사건은 발화시보다 나중에 일어날 예정이다. '-을 것이-'로 답하고 있기 때문이다. **발화시 기준으로 사건시가 이후**에 나타날 것이므로 우리는 이를 '미래시제'라 말한다. 이를 정리하면 다음과 같다.

**(2)** 가. 발화시: 말하는 시간

나. 사건시: 사건이나 상황이 일어난 시간

다. 발화시를 기준으로 사건시가 먼저이면 과거시제가 된다.

라. 발화시를 기준으로 사건시가 나중이면 미래시제가 된다.

마. 발화시가 사건시와 같으면 현재시제이다.


대화에서는 주로 발화시를 기준으로 하여 사건시를 이야기하게 된다. 즉 발화시를 '기준시'라 부를 수 있다. 그러나 바로 지금 이 순간이 아닌 경우가 기준시가 될 수도 있다.

**(3)** 가. (오후 3시에 친구에게 말하는 상황) 내가 교실에 도착한 건 오후 2시였는데, 친구들은 모두 나가고 없었어.

나. (오전 9시에 친구에게 말하는 상황) 택시를 타면 너는 오전 11시쯤 공항에 도착할 수 있을 거야. 그러면 선생님과 작별 인사할 수 있어.

(3가)의 발화시는 오후 3시이다. 그런데 친구들이 모두 나가 있는 상황은 오후 3시 기준이 아니라, 오후 2시 기준이다. 발화시인 오후 3시에는 친구들이 모두 들어와 있을지 모른다. 즉 발화시와 기준시가 같지 않다는 것이다.

(3나)도 마찬가지다. 발화시는 오전 9시이다. 작별할 수 있는 시간은 오전 9시 기준이 아니라 오전 11시 기준이다. 말하고 있는 지금 오전 9시에는 공항에 선생님이 없을지도 모르고, 청자는 선생님을 만날 수 있을지 없을지 알 수 없다. 선생님과 작별 인사를 할 수 있는 사건의 기준시는 발화시가 아닌 오전 11시인 것이다.

이와 같이 발화시와 기준시는 같은 개념이 아니다. 따라서 과거시제인지 현재시제인지 미래시제인지 구분하기 위해서는 발화시보다 기준시에 집중해야 한다.

**(4)** 가. 기준시보다 사건시가 먼저이면 과거시제이다.

나. 기준시보다 사건시가 나중이면 미래시제이다.

우리의 언어생활에는 대화만 있는 것이 아니라, 수많은 책, 신문기사, 보고서 등의 읽기, 쓰기도 존재한다. 대화만 존재한다면 기준시를 발화시와 동일하게 생각할 수 있어 간단해진다. 그러나 그렇지 않은 상황이 더 많다는 것이다.

책을 예로 들어보자. 필자가 이 책을 쓰고 있는 것은 2021년 11월 5일이다. 여러분이 이 책을 읽는 것은 2022년 이후, 지금 필자의 기준에서는 미래 사건이 될 것이다. 여러분의 입장에서 필자가 책을 쓴 사건은 과거 사건이 된다.

그러나 필자는 "나는 지금 책을 쓰고 있다."라고 현재시제의 문장을 쓸 수 있고, 여러분도 이 문장을 어색함 없이 받아들일 수 있다. 여러분이 이 책을 읽는 시간을 기준으로 봤을 때 필자가 책을 쓴 사건은 과거의 사건임에도 불구하고 말이다. 이것은 여러분들이 기준시를 필자가 글을 쓰는 사건시로 옮겨와 생각할 수 있기 때문이다. 결과적으로 (4다)

와 같이 기준시와 사건시(책을 쓰고 있는 2021년 11월 5일)를 동일하게 생각하기 때문에 현재 시제 문장을 거부감 없이 이해할 수 있는 것이다. 이는 매우 자연스러운 일이다.

이와 같은 기준시에 대한 이해는 소설이나 역사책을 읽을 때 유용하다. 소설에서 현재 시제로 말하여지는 것은 지금 책을 읽고 있는 나의 시간을 기준으로 하는 것이 아니라, 이미 과거에 글로 쓰인 소설 속 어떤 시간을 기준으로 하기 때문이다.

## [2] 시제 어미가 나타나는 자리

한국어 문장에서 시제를 나타내는 방법은 관형형 어미로 표현하는 방법과 선어말 어미로 표현하는 방법, 두 가지이다. 먼저 선어말 어미를 살펴보도록 한다.

**(5)** 가. 오늘은 1월 14일. 오늘은 종일 여러 나라의 음악을 듣<u>는</u>다.

　　나. 오늘은 1월 14일. 1월 8일에 나는 케이크를 만들<u>었</u>다.

　　다. 오늘은 1월 14일. 2월 10일에 초콜릿을 <u>살 것이</u>다.

　　라. 오늘은 1월 14일. 1월 2일 남산에는 사람이 참 많<u>더</u>라.

(5)의 기준시는 1월 14일이다. (5가)에서 음악을 듣는 사건도 1월 14일에 일어났기 때문에 현재시제 문장이다. 이때 쓰인 선어말 어미는 '-는-'이다. 만일 종결어미 '-어요'가 쓰였다면, 아무것도 붙지 않은 형태 '들어요'로 현재시제임을 나타내 보였을 것이다.

(5나)의 기준시는 1월 14일이고, 케이크를 만든 시간은 기준시보다 앞서 있으므로 과거시제다. 선어말 어미 '-었-'이 쓰였다.

(5다)에서 초콜릿을 사는 사건은 기준시 이후이고 미래시제 선어말 어미 '-을 것이-'가 쓰였다.

(5라)는 조금 특별하다. 사건만 보면 과거시제로 보이지만 과거시제가 아니다. '-더라'[15] '라는 종결어미가 쓰였기 때문이다. '-더-'는 과거의 일을 돌이켜 보는 회상 시제 선어말 어미다. 즉 회상을 한다는 건 지금 시점에서 과거를 돌아보는 일이기 때문에 현재에 일어 나야 한다. '남산에 사람이 많다'는 사실은 과거의 일이지만, 이것을 회상하는 것은 현재 의 일이라는 것이다. 이상의 시제 선어말 어미를 정리하면 다음과 같다.

(6) 시제 선어말 어미

　　가. 현재시제 선어말 어미: -ㄴ/는-, ∅

　　나. 과거시제 선어말 어미: -었-

　　다. 미래시제 선어말 어미: -겠-, -을 것이-

　　라. 회상시제 선어말 어미: -더-

(6가)에서 ∅는 현재시제 선어말 어미가 겉으로 나타나지 않음을 의미한다. 예를 들어, '밥을 먹습니다.'나 '집에 있어.'와 같은 문장들은 모두 시제 선어말 어미가 붙어 있지 않지 만 현재시제이다. 이때 우리는 보이지 않는 현재시제 선어말 어미를 ∅로 표시한다.

　　과거시제 선어말 어미는 명료하여 이해가 쉽다. '-었-'이다. 그러나 미래시제 선어말 어미는 조금 복잡하다. '-겠-'이 쓰이기도 하고 '-을 것이-'가 쓰이기도 한다. 이 둘은 서로 바꿔 쓸 수 있는 문장도 있고 그렇지 않은 문장도 있는데, 특히 굳어진 표현에서는 바꿔 쓰지 않는 것이 좋다.

(7) 가. 민주는 방학 때 중국에 가겠다.

　　나. 민주는 방학 때 중국에 갈 것이다.

---

15 　'-더'와 종결어미 '-다'가 통합된 구성이다. '-다'는 '-더-'에 한해서만 '-라'로 변한다.

**(8)** 가. 저는 내년에 대학원에 가<u>겠</u>습니다.

　　 나. 저는 내년에 대학원에 <u>갈</u> 것입니다.


**(9)** 가. 최선을 다하<u>겠</u>습니다.

　　 나. 최선을 <u>다할</u> 것입니다.


　(7)은 미래시제를 표현함과 동시에 화자의 추측을 포함하고 있다. 두 문장 가운데 화자의 생각이 더 큰 비중을 차지하는 문장은 (7가)이다. 좀 더 주관적인 문장이라는 뜻이다. 반면 (7나)는 상대적으로 객관적 사실 전달 느낌이 강하다. 그러나 모두 미래시제이면서 추측의 의미를 갖고 있는 것은 사실이므로 충분히 바꿔 쓸 수 있다.

　(8)은 미래시제를 표현함과 동시에 화자의 의지를 드러내고 있다. 두 문장 가운데 (8가)가 주관적인 느낌이 강하다. (8나)는 얼핏 단순한 계획의 의미인 것 같기도 하다. 그러나 서로 바꿔 쓰는 데에는 문제가 없다.

　한편 (9)의 경우는 두 가지 측면에서 생각해 볼 수 있다. (8)과 마찬가지로 미래시제임과 동시에 의지를 표현하는 문장이지만, (9가)는 굳어진 표현이라 할 수 있다. 즉 어떤 일에 임하는 자신의 의지를 상대방에게 강하게 얘기할 때 '최선을 다하겠습니다.'라고 말한다. (9나)처럼 말해도 틀렸다고 할 수는 없지만, (9가)가 훨씬 일반적이고 자연스러운 것이 사실이다.

　그 밖에도 일기예보를 할 때는 '-겠-'을 많이 쓴다는 점이 두 표지의 차별점 중 하나이다. 미래의 계획을 격식 없이 얘기할 때는 '-(으)ㄹ 거야', '-(으)ㄹ 거예요'를 많이 쓰는데 이는 '-(으)ㄹ 것이-'에 '-어' 또는 '-어요'가 붙어 만들어진 말이다.


　시제 문법은 관형형 어미에서도 나타난다. 관형형 어미의 시제 역할을 정리하면 다음과 같다.

**(10)** 관형형 어미

　　가. 현재시제 : ㅡ는

　　나. 과거시제 : ㅡ(으)ㄴ, ㅡ던(/ㅡ었던)

　　다. 미래시제 : ㅡ(으)ㄹ


(11)은 (10)의 예문들이다.


**(11)** 가. 이것은 내가 읽<u>는</u> 책이다.

　　나. 이것은 내가 읽<u>은</u> 책이다.

　　다. 이것은 내가 읽<u>던</u> 책이다.

　　라. 이것은 내가 읽<u>을</u> 책이다.


(11가)는 현재 읽고 있는 책이라는 의미를 가지고 있다. (11나)와 (11다)는 모두 과거 사건을 가리키고 있는데, (11나)는 단순히 과거 사건을 보여주고 있는 반면, (11다)는 읽다가 중단했다는 의미를 갖는다. 과거에 한번 읽다가 중간에 멈추었거나 자주 읽었지만 지금은 그렇지 않은 책이라는 뜻이다.[16]

(11라)는 아직 읽지 않고 읽은 예정이라는 뜻을 갖는다.


한편, 관형형 어미가 형용사를 만났을 때는 조금 달라진다.


**(12)** 가. *기분 좋<u>는</u> 날씨예요.

　　나. 기분 좋<u>은</u> 날씨였어요.


---

16　'ㅡ던'과 'ㅡ었던'에 대해서는 3부에서 자세히 다룰 것이다.

다. 기분이 좋던 날씨였어요.

라. 기분이 좋을 날씨일 거예요.

(12가)에서 보는 바와 같이 형용사는 '-는'과 결합할 수 없다. 과거와 현재의 모양이 모두 '-(으)ㄴ'이다. (12다)로 표현하면 확실히 과거의 상태임을 알 수 있다. 현대 한국어에선 '기분이 좋았던 날씨였어요.'가 훨씬 자주 쓰인다. (12라)는 미래의 이야기다.

## [3] 절대시제와 상대시제

시제를 깊이 있게 이해하기 위해서는 절대시제와 상대시제의 개념을 알아야 한다.

**(13)** 가. 아저씨는 노래를 부른 아이에게 용돈을 줬다.

나. 아저씨는 노래를 부르는 아이에게 용돈을 줬다.

다. 아저씨는 노래를 부를 아이에게 용돈을 줬다.

(13)의 문장은 안은문장과 안긴문장으로 이루어진 겹문장(복문)이다. 그리고 주절의 시제는 '-었-'이 붙은 과거시제이다. 절대시제 과거라고 부르면 좋다. 그런데 안긴문장, 즉 '노래를 부르-'는 모두 다른 시제 어미를 붙이고 있다. (13가)는 과거, (13나)는 현재, (13다)는 미래시제이다. 왜 이러한 현상이 존재할까?

(13가)를 먼저 살펴보면, 안은문장의 사건시는 과거이다. 안긴문장의 사건시도 과거이다. 용돈을 준 시간을 기준시로 해서 더 먼저 일어난 과거이다. 즉 돈을 준 시간이 오후 7시라면, 노래를 부른 시간은 오후 6시부터 7시 사이였을 수 있다. 기준시보다 앞선 사건이기 때문에 과거의 의미를 갖는 '-(으)ㄴ'을 쓴 것이다.

(13나)에서도 용돈을 준 시간이 오후 7시라고 가정해보자. 이때 아이는 바로 그 시각,

7시에 노래를 부르고 있는 것이다. 기준시는 오후 7시이고, 사건시도 바로 그 시각이다. 기준시와 사건시가 같으니 안긴문장의 시제는 현재시제 '-는'으로 나타났다. 이를 우리는 '상대시제 현재'라 부른다.

(13다)도 마찬가지다. 기준시는 용돈을 준 시간이고, 안긴문장의 사건은 아직 일어나지 않았다. 그래서 '-(으)ㄹ'을 썼고, '상대시제 미래'가 만들어진 것이다.

그렇다면 다시 (13가)로 돌아가보자. (13가)는 상대시제 과거라 할 수 있는가? (13가)의 안긴문장은 상대시제로 이야기하기에는 곤란한 점이 있다. 화자 입장에서 아이가 노래를 부르는 행동과 용돈을 주는 시간이 모두 같은 시간, 같은 과거에 일어났다면, 안긴문장도 절대시제 과거라 할 수 있다. 만일 노래를 부른 일이 돈을 준 일보다 확실하게 앞서 일어난 사건이라면, 이를 두고 '대과거'라 부르기도 한다.

이번에는 안은문장의 시제를 절대시제 미래로 바꿔보자.

**(14)** 가. 아저씨는 노래를 부른 아이에게 용돈을 줄 것이다.

　　　나. 아저씨는 노래를 부르는 아이에게 용돈을 줄 것이다.

　　　다. 아저씨는 노래를 부를 아이에게 용돈을 줄 것이다.

(14가)에서 용돈을 줄 시간이 오후 8시라 가정해보자. 노래를 부르는 행동은 기준시인 오후 8시 이전에 일어나야 한다. 즉 과거의 일이 되어야 한다는 것이다. 따라서 (14가)의 안긴문장은 '상대시제 과거"라 할 수 있다.

(14나) 역시 (13나)와 마찬가지로 상대시제 현재이다. 그러나 (14다)의 경우 (13가)처럼, 절대시제와 상대시제 중 하나로 말하는 것이 곤란하다. 화자가 아직 일어나지 않은 두 가지 일, 즉 용돈을 주는 일과 아이가 노래를 부르는 일을 같은 시간으로 생각하여 미래시제로 말했다면 안긴문장도 안은문장도 절대시제 미래라고 할 수 있다.

## [4] 시제의 용법

　각 시제는 자연의 시간을 가리키는 지시적 의미에서 나아가 실질적으로 자주 쓰이는 용법이 있다. 이를 살펴보도록 한다.


**(15)** 가. 지금 나는 글을 쓴다.

　　나. 요즘에는 60세가 되었다고 해서 환갑잔치를 하지 않는다.

　　다. 나는 식사를 한 뒤에 커피를 마신다.

　　라. 태양은 동쪽에서 뜬다.


　현재시제 '-ㄴ/는-'은 현재의 사건을 나타낼 때 쓴다. 그러나 현재의 의미란 것이 쉽지 않다. (15가)처럼 말하는 바로 지금 이 순간일 수도 있고 (15나)처럼 최근 10여 년 정도일 수도 있다. 현재의 시간 범위를 어떻게 규정할 것인지는 화자의 마음에 달려 있다.

　(15다)는 단순히 현재라고 말하기가 어렵다. 현재 가진 습관이라 할 수 있다. 이와 같이 반복적인 것, 습관 같은 것들을 말할 때 현재시제를 사용하곤 한다. (15라)는 지금 이 순간도 아니고 습관도 아니다. 변치 않는 진리이다. 우리는 진리, 변함 없는 사실을 말할 때 (15라)처럼 현재시제를 써서 말한다. 이들을 현재시제의 용법이라 할 수 있다.


**(16)** 가. 공연장에 사람들이 많이 있었다.

　　나. (형이 동생에게) 너는 엄마 오면 죽었다.

　　다. (아직 경기가 끝나지 않은 상황에서) 우리 팀이 이겼다.


　(16가)는 일반적인 과거시제의 용법이다. '-었-'을 써서 과거의 사실에 대해 보고하고 있다. 그러나 (16나)는 다르다. '엄마 오면'이라는 선행절은 아직 일어나지 않은 상황이다.

즉, '(미래에) 너는 죽었다'는 문장인 것이다. 왜 미래의 사건인데 과거시제를 썼을까? 그 것은 화자가 어떤 사건을 확신했을 때 과거처럼 말하기 때문이다. 아마 형과 동생은 엄마가 화를 낼 일을 했을 것이고, 형은 엄마가 동생을 혼낼 것이라는 확신을 가지고 있기 때문에, '죽을 거야'라는 미래시제 대신 '죽었다'라는 표현을 쓴 것이다. 이는 (16다)에서 다시 살펴볼 수 있다. 아직 경기가 끝나지 않았는데도, 경기의 흐름을 보면서 '이겼다'라고 말하는 것은 매우 자연스러운 말하기이다. 결과에 확신, 자신이 있기 때문이다.

**(17)** 가. 내일은 비가 오겠습니다.

나. 비행기 표가 없을 것입니다.

다. 제가 그 일을 마무리하겠습니다.

라. 방학에 미국에 갈 거예요.

(17가)는 전형적인 미래시제의 용법이다. 미래의 사실을 정확히 알 수는 없지만, 일기 예보는 미래의 날씨를 알려줄 수 있음을 전제로 하므로, '–겠–'이 미래의 상황을 전달해 주는 역할을 한다.

(17나)는 비행기 표가 없다고 추측하고 있는 문장이다. (17다)는 화자의 의지를 알 수 있는 문장이다. 화자가 1인칭일 경우 미래시제는 주로 의지로 읽힌다. (17라)는 앞으로의 계획을 설명하고 있다. 앞서 살펴본 것처럼, '–을 것이–'와 '–겠–'은 완전히 같은 의미를 갖지는 않으나 상황에 맞게 쓰이면서 아직 일어나지 않은 상황을 여러 방식으로 표현하고 있다.

시제가 자연의 시간을 가리키기 위해 만들어진 문법이라면, '상'은 어떤 행위 안에서 시간이 어떻게 일어나고 있는지 설명하는 문법이다. 즉 어떤 행동이 지금 진행되고 있는지, 완료되었는지를 알 수 있는 문법이 상이다.

이러한 상은 크게 '어휘상'과 '문법상'으로 나뉘는데, 어휘상은 동사가 그 의미로 가지고 있는 시간에 관한 것이고, 문법상은 문법을 통해 드러나는 상이다. 먼저 어휘상을 살펴보도록 한다.

## [1] 어휘상

어휘상은 동사가 내적으로, 즉 의미적으로 가지고 있는 시간 범주이다.

**(18)** 가. 아이가 뛰었다.

나. 별이 반짝였다.

다. 아영이가 집을 지었다.

라. 아영이가 서울에 도착했다.

(18)에서 사용된 동사들은 모두 내적으로 가지고 있는 시간의 길이가 다르다. (18가)의 '뛰다'는 동사 내에서 시간의 길이가 일정하다. 시간의 길이가 일정하다는 말은 (18나)와의 비교에서 확실하게 알 수 있다. (18나)의 '반짝이다'는 아주 짧은 순간에 이루어지는 행위이다. 그에 비해 '뛰다'는 시간에 관계 없이 꾸준하게 뛰는 모습을 상상해 볼 수 있다.

(18다)의 '짓다'는 집이 완성될 것이라는 전제가 있어야 사용할 수 있는 어휘이다. 짓기 시작하는 시작점이 있고 완성되는 끝점을 상정해볼 수 있는 개념이다. 완성이 되지 않은

모든 시간의 과정은 '짓고 있다'로 표현된다.

(18라)의 '도착하다'는 과정에서는 사용할 수 없고, 도착한 상황에서만 쓸 수 있는 어휘이다. 행위의 시작점에는 관심이 없고, 끝점에만 관심이 있다. '도착하고 있다'와 같은 구문은 성립될 수 없다. 도착했을 때 오직 이 어휘를 쓸 수 있는 것이다.

이를 각각 순서대로 동작동사, 순간동사, 완수동사, 달성동사라 부른다. 그리고 형용사는 일반적으로 '상태동사'로 구분한다. 정리하면 다음과 같다.

**(19) 가. 상태동사:** 어휘의 의미에 변화나 움직임이 없는 동사

　　 **나. 동작 동사:** 어휘의 의미에 지속적인 변화나 움직임이 나타나는 동사

　　 **다. 순간 동사:** 아주 짧은 시간 동안 어떤 행위가 일어났다가 사라지는 동사

　　 **라. 완수 동사:** 어휘의 의미인 그 동작이 완성될 것을 전제로 하는 동사

　　 **마. 달성 동사:** 어휘의 의미인 그 동작이 이루어져야 사용할 수 있는 동사

(19가)는 '예쁘다', '파랗다' 등의 형용사가 포함된다. (19나)는 일반적인 시간 부사어와 두루 쓰일 수 있는 동사들이다. 예를 들어 '운동하다'는 "30분 동안 운동했다."라는 문장이 가능한 반면, '감기에 걸렸다'는 "*30분 동안 감기에 걸렸다."라는 자연스럽지 못한 문장을 만든다. 즉 '운동하다', '걷다', '마시다', '읽다' 등의 동사들이 이에 해당한다. 이들 부류는 다른 문법과의 제약이 적다. 시간 부사어는 물론이거니와 '-고 있다'와 같은 진행의 보조 용언과도 어려움 없이 함께 쓰인다.

(19다)는 어휘의 의미가 되는 동작이 아주 짧은 순간 일어나는 부류를 일컫는다. 동작이 시작하는 시간과 끝나는 시간이 거의 같은 동사들로 동작의 과정이 인정되지 않는다. '기침하다', '놀라다', '다치다' 등이 이에 포함된다. 시간 부사어와 결합했을 때 동작동사와의 확실한 차이를 보인다. "30분 동안 반짝인다."라고 말하면 반짝하는 순간이 여러 차례 반복되는 이미지를 상상할 수 있을 것이다. "30분 동안 기침한다."도 마찬가지다.

"*30분 동안 놀란다."와 "*30분 동안 다치다."는 문장 자체가 비문이다.

(19라)는 어휘의 의미에 동작의 완성이 포함되어 있다. 예를 들어 '그리다' 같은 경우 그 행위를 위해서는 선을 긋거나 색을 칠하는 행동이 필요한데 이 자체를 두고 "그리다."라고 말하지 않는다. 주어가 분명한 목적, 즉 그림을 그리는 목적을 가지고 어떤 동작들을 해야만 '그리다'의 의미가 될 수 있다. '짓다', '만들다' 등이 이 부류에 해당한다. "집을 짓고 있다."라고 말하면 결국 지을 것이라는 전제가 포함되어 있다. "음식을 만들고 있다."도 아직 완성되지 않았지만, 결국 음식이 만들어질 것이라는 주어의 의지가 들어 있는 것이다.

(19마)는 어떤 행위가 이루어졌을 때 사용할 수 있는 동사 부류다. '도착하다' 외에, '죽다', '발견하다', '태어나다' 등이 있다. 이들은 진행의 의미를 가진 '-고 있다'와의 결합이 부자연스럽다. '죽고 있다'보다는 '죽었다'나 '죽어가고 있다'가, '발견하고 있다'보다는 '발견했다'가, '태어나고 있다'보다는 '태어났다' 혹은 '새끼(아기)가 나오고 있다'가 더 자연스럽다.

## [2] 문법상

문법상은 어휘가 아닌 문장 차원의 상 범주로, 사건의 시간을 내부적으로 바라보는 문법 범주이다. 내부적으로 바라본다는 것은 시제와의 가장 큰 차이이다. 시제는 사건이 어제 일어났는지, 지금 일어났는지, 나중에 일어날 것인지 자연의 시간과 연관시키며 이야기하는 문법이다. 그러나 문법상은 외부의 시간은 중요하지 않다. 문장에 나타난 어떤 사건 안에서 동작의 시간이 어떻게 변화하고 있는지에 관심을 둔다.

**(20)**가. 하은이가 숙제를 하고 있다.

　　나. 하은이가 숙제를 끝냈다.

다. 하은이가 의자에 앉아 있다.

(20가)에서 숙제를 하는 상황은 아직 진행 중이다. 반면 (20나)에서는 숙제를 하는 상황이 완료되었다. (20다)에서는 하은이가 의자에 앉았는데, 그 행위가 계속 이어지고 있는 것이다. (20가)를 진행상이라 부르고 (20나)를 완료상, (20다)를 지속상이라 부른다.

(21) 가. 나는 지금 자전거를 탄다.

나. 나는 지금 자전거를 타는 중이다.

다. 그 이야기는 아직까지 이어져 온다.

라. 사회가 빠르게 변해 간다.

진행상을 나타내는 문법에는 '-고 있다' 외에 '-ㄴ/는-', '-는 중이다', '-어 오다', '-어 가다' 등이 있다. 현재시제 '-ㄴ/는-'은 시제 선어말 어미이기도 하지만, 진행의 의미를 갖기도 한다.

(22) 가. 설거지를 다 했어요.

나. 주인공이 죽고 말았다.

다. 그 여자가 떠나 버렸다.

라. 적의 공격을 막아 냈다.

(22가)와 같이 '-었-'은 완료상을 보이는 대표적인 문법이다. 과거시제 선어말 어미이기도 하지만 의미상 완료인 것이다. '-고 말다', '-어 버리다', '-어 내다'와 같은 보조 용언도 완료상을 나타내는 문법이다.

마지막으로 지속상을 살펴보도록 한다. '지속상'이란 사건이 완료된 후의 결과가 지속되는 것을 드러내는 상 범주이다. '결과상'이라 부르기도 한다. 어떤 행동이 완료되어 있고, 그 이후 그 상태가 지속된다는 것이다. 지속상을 나타내는 문법은 보조 용언 '-어 있다' 구성이다.

**(23)**가. 아이들이 모두 누워 있다.

　　나. 책상 위에 책이 놓여 있다.

상은 언어마다 발달의 차이가 크다. 러시아어나 폴란드어 같은 슬라브어 계열의 언어들은 상 문법이 발달해 있어 8개에서 12개까지 상의 종류가 다양하다. 그러나 한국어에서는 주로 진행상과 완료상, 그리고 지속상 정도를 인정한다.

1. 여러분의 언어는 시간을 나타내기 위한 문법을 가지고 있습니까? 한국어와 무엇이 같고 무엇이 다릅니까?

2. 시제와 함께 쓰이는 시간 부사어를 정리해 봅시다. 과거, 현재, 미래시제 선어말 어미와 함께 쓰이는 시간 부사어에는 어떤 것들이 있습니까?

3. '-어 있다'를 가지고 다섯 문장을 만들어 보세요. 그리고 지속상의 의미가 있는지 확인해 봅시다.

# 10강
## 태: 피동과 사동

1. '보다'가 변형된 '보이다'에는 여러 뜻이 있습니다. 뜻을 모두 찾아보고 대표 예문을 정리해 보십시오. 의미 차이를 설명할 수 있겠습니까?

2. '보다'가 변형된 '보이다'에는 여러 뜻이 있습니다. 뜻을 모두 찾아보고 대표 예문을 정리해 보십시오. 의미 차이를 설명할 수 있겠습니까?

3. '사동'의 뜻을 찾아봅시다. 그리고 자신이 자주 사용하는 사동문에는 어떤 것들이 있는지 생각해 봅시다.

'태'란 주어와 서술어, 목적어와 서술어의 관계 등을 나타내는 동사의 형태이다. 일반적으로 어떤 행동의 주체가 서술어의 주어가 되는 경우, '능동태'라 한다. "언니가 강아지를 안았다."와 같은 문장은 능동태의 문장이다. 그러나 대화 맥락에 따라 '언니'가 아닌 '강아지'를 주어로 삼아 문장을 만들 수도 있다. "강아지가 언니에게 안겼다."가 되는 것이다. 이러한 문장을 '피동태'라고 한다.

한편, 언니가 강아지를 안은 행동은 언니의 의지가 아니라 다른 사람의 의지일 수도 있다. 예를 들어 "엄마가 언니에게 강아지를 안게 했다."와 같은 문장이 만들어질 수 있다는 것이다. 이러한 문장을 우리는 '사동태'라 부른다. 10강에서는 피동태과 사동태에 대해서 공부하도록 한다.

(1) 가. 능동태 : 주어가 어떤 행위를 행하는 '동작주–행위'의 관계의 문장 형태.

　　　나. 피동태 : 주어가 어떤 행위의 목표, 즉 대상이 되는 문장 형태. '대상–동작주–행위'의 관계.

　　　다. 사동태 : 주어가 어떤 행위자에게 어떤 행위를 하도록 시키는 문장 형태. '동작주 주어–동작주 부사어–행위'의 관계.

'동작주'는 행위의 주어이다. '대상'은 주로 문장의 목적어나 보어, 부사어가 된다. 한국어 문장은 기본적으로 능동태의 문장이다. "나는 학교에 간다."에서 '나'는 '가다'의 동작주이다. 그렇다면 이제 피동과 사동에 대해서 살펴보도록 한다.

## 10.1. 피동

화자의 말하기 목적에 따라, 동작의 주체가 주어로 쓰지 않고 서술어의 대상을 주어로 만드는 경우가 있다. ①주어보다 동작의 대상이 중요할 때나 ②그 대상이 동작의 주체에게 입은 피해에 대해 강조하여 말하고 싶을 때, ③ 어떤 일이 어쩔 수 없이 일어났다고 말하고 싶을 때 피동형의 문장을 쓴다.

그렇다면 피동문은 어떤 모양을 하고 있을까? 다음을 보자.

**(1)** 가. 사자가 토끼를 잡았다.

나. 토끼가 사자에게 잡혔다.

(1가)는 능동문이다. '잡다'의 주체인 '사자'를 주어로 쓴 것이다. 그런데 내가 얘기하고 싶은 것이 사자가 아니라 토끼라면 토끼를 주어로 써서 (1나)와 같은 문장을 만들 수 있다. (1가)를 피동문으로 만드는 순서는 다음과 같다.

**(2)** 가. 토끼를 맨 앞에 쓰고 주격조사 '가'를 붙인다.

나. 원래 주어였던 '사자'를 그 다음에 쓰고 주격조사 '가' 대신 부사격 조사 '에게'를 붙인다.

다. 용언의 어간 뒤에 피동 접미사 '-히-'를 붙인다.

이때 (2나)의 정보가 필요하지 않으면 생략해도 좋다. (2나)의 경우 동사에 따라 '에게'가 아닌 '에 의해'가 붙을 수도 있다. (2다)의 피동 접미사는 동사마다 달라진다.

**(3)** 가. 동물원을 탈출한 호랑이가 결국 잡혔다.

　나. 태풍 때문에 전기가 끊겼다.

　다. 여행 일정이 미루어졌다.


(3)은 모두 피동문이다. (3가)를 능동문으로 바꾸면 "(누군가가) 동물원을 탈출한 호랑이를 잡았다."인데, 중요한 것이 '호랑이를 잡은 누군가'가 아니라 '호랑이'라면 능동문보다 피동문이 더 적절하다.

(3나)에서도 전기가 끊긴 사실이 중요하기 때문에 '전기가'가 주어가 되는 피동문이 되었다. (3다)도 어쩔 수 없이 지연된 여행 일정을 주어로 삼는 것이 더 적절해 보인다.

이와 같은 문장들을 피동문이라 하는데, 피동문을 만드는 방법에는 크게 두 가지가 있다.


**(4)** 피동문을 만드는 방법

　가. 용언의 어간에 '-이-, -히-, -리-, -기-' 중 하나를 붙이는 방법

　나. 용언의 어간에 '-어지다'나 '-당하다', '-되다' 등의 접미사를 붙이는 방법


먼저 (4가)의 방법을 살펴보도록 한다. '-이-, -히-, -리-, -기-'는 피동 접미사이다. 용언에 이들 중 한 가지를 어간 뒤에 붙이면 피동사가 된다.


**(5)** 가. 거울에 내 얼굴이 보였다.

　나. 길이 막혔다.

　다. 노래가 들렸다.

　라. 아기가 엄마에게 안겼다.

(4나)의 피동은 피동 접미사 '-어지다'나 '-당하다', 또는 '-되다'를 붙이는 방법이다. '-어지다' 피동은 '나누다'가 '나누어지다'로, '이루다'가 '이루어지다'로 바뀌는 형태이다. 동사나 형용사 모두에 붙일 수 있는데 형용사 뒤에 붙이면 품사가 바뀌어서 동사가 된다.

**(6)** 가. 칠판에 글씨가 <u>지워졌다</u>.

　　나. 기차가 출발했다. 사람들이 <u>멀어져갔다</u>.

(6가)는 동사 '지우다'에 '-어지다'를 붙여 피동문을 만든 예이다. 이 문장에는 '누군가에 의해'라는 내용이 생략되어 있다. (6나)는 형용사 '멀다'에 '-어지다'가 붙은 것이다. 기차가 출발하면서 자연스럽게 간격이 멀어진 것이다.

'-당하다' 피동은 '거절하다'가 '거절당하다'로, '무시하다'가 '무시당하다'로 바뀌는 형태이다.

**(7)** 가. 사장이 나를 이용했다.

　　나. 나는 사장에게 <u>이용당했다</u>.

(7가)의 능동문은 (7나)에서 '-당하다'가 붙은 피동문이 되었다. 이때는 이용한 주체인 '사장'이 중요하니, '사장에게'를 삭제하지 않는 것이 좋겠다.

다음은 피동 접미사 '-되다'가 붙어 피동문을 만든 예이다.

**(8)** 가. 엄마는 아이를 걱정했다.

　　나. 아이가 <u>걱정된다</u>.

(8)의 한쌍은 '걱정하다'가 '걱정되다'로 바뀌고 있다. 역시 피동문이 되었다. '긴장하다'가 '긴장되다'로, '연결하다'가 '연결되다'로 바뀌는 것들이 모두 '되다' 피동사의 예가 되겠다.

한편 어떤 문장은 피동문만 있고 능동문이 없는 경우도 있다. 즉 피동문을 다시 능동문으로 바꾸었을 때 주어를 찾을 수 없다는 것이다.

**(9)** 가. 차가 밀리다.

　　나. 날씨가 풀렸다.

　　다. 지혜가 감기에 걸렸다.

(9)는 능동문으로 바꿀 수 없는 문장이다.

**(10)** 가. ?(누군가가) 차를 밀었다.

　　나. *(누군가가) 날씨를 풀었다.

　　다. *(누군가가) 지혜에게 감기를 걸었다.

문법적으로는 틀린 문장이 아닐 수 있으나 의미적으로는 맞지 않은 문장들이다.

## 10.2. 사동

주어가 다른 사람에게 동작을 하도록 시키는 것을 '사동'이라 한다. 주어는 스스로 어떤 행동을 할 수도 있지만, 다른 사람의 명령이나 부탁, 요청 때문에 어떤 일을 하기도 한다. 그러한 경우에 사용하면 좋은 문장 형식이다.

**(11)** 가. 엄마가 아이를 씻겼다.

나. 누나가 나에게 책을 읽게 했다.

다. 선생님이 나를 공부시키셨다.

(11가)는 아이가 스스로 씻은 것이 아니라, 엄마가 씻게 만든 것이다. (11나)는 내가 내 의지대로 책을 읽은 것이 아니라 누나의 뜻대로 읽은 것이다. (11다)는 나 스스로 공부한 것이 아니라 선생님이 시켜서 공부한 것이다.

이처럼 사동문을 만드는 방법은 세 가지이다.

**(12)** 사동문을 만드는 방법

가. 용언에 사동 접사 '-이-, -하-, -리-, -가-, -우-, -구-, -추-' 중 하나를 붙이는 방법

나. 용언에 보조 용언 '-게 하다'를 붙이는 방법

다. 용언에 사동 접미사 '-시키다'를 붙이는 방법

(12가)를 살펴보도록 하자. '-이-, -히-, -리-, -기-, -우-, -구-, -추-' 중 하나를 붙여 사동사를 만드는 방법이다.

**(13)** 가. 형이 라면을 끓였다.

　　나. 국가가 집 앞 도로를 넓혔다.

　　다. 나는 딸기주스를 얼렸다.

　　라. 유진이는 밥을 남겼다.

　　마. 나는 쓰레기통을 비웠다.

　　바. 농부가 밭을 일구었다.

　　사. 고운이가 약속 시간을 늦추었다.


(13)은 모두 접미사를 붙여 짧은 사동문을 만든 사례이다. (13가)는 라면이 저절로 끓은 것이 아니라, 형에 의해 끓게 되었다. (13나)는 도로가 스스로 넓어진 것이 아니라 국가가 확장 공사를 한 것이다. (13다)는 딸기주스가 저절로 언 것이 아니라 내가 얼게 만든 것이다. (13라)도 마찬가지다. 밥이 밥그릇에 스스로 남은 것이 아니라 유진이가 남게 만들었다.

(13마)도 쓰레기통을 내가 비게 만든 것이다. (13바) 역시 밭이 스스로 인 것이 아니라 농부가 그렇게 만든 것이다. (13사)도 약속 시간을 늦은 시간으로 바꾼 것은 시간 스스로가 아니라 고운이다.


**(14)** 가. 아이가 밥을 먹었어요.

　　나. 엄마가 아이에게 밥을 먹였어요.


이번에는 사동문을 만드는 방법을 살펴보자. (14가)에는 사동사의 반대인 주동사가 쓰였다. 피동의 반대가 능동이라면 사동의 반대는 주동이다. '먹다'의 주체는 '아이'이다. 그런데 아이가 스스로 한 일이 아니라 다른 사람에 의해 하게 된 행동을 말하고 싶다면, 그 일을 하게 한 사람을 주어로 만들고, 동사의 모습을 바꿔야 한다.

(14나)에는 '엄마'가 주어로 나섰고, '먹다'가 '먹이다'가 되었다. (14가)가 어떻게 사동문이 되는지 정리하면 다음과 같다.

**(15)** 가. 행동을 하게 만든 주어 '엄마가'를 문장 안에 새롭게 넣는다.

　　　나. 주동문의 주어 '아이가'를 부사어 '아이에게'로 바꾼다.

　　　다. '먹다'에 접미사 '−이−'를 붙인다.

한편, 사동문도 피동문과 마찬가지로 사동사의 형태가 길어지는 유형도 있다.

**(16)** 가. 엄마가 아이에게 옷을 입게 해요.

　　　나. 형이 동생을 웃게 만들어요.

(16가)는 용언에 '−게 하다'를 붙인 사동문이다. (16나)는 '−게 만들다'를 붙여 사동의 의미를 갖게 한다. 이 가운데 '−게 하다'만 사동문을 위한 보조 동사로 인정한다.

**(17)** 가. 아버지가 나를 국립고등학교에 입학시켰다.

　　　나. 나는 악몽에서 깨어 엄마에게 갔다. 엄마가 나를 안정시켜 주셨다.

(17)은 사동의 접미사 '−시키다'가 붙어 사동문이 된 예문들이다. (17가)는 명사 '입학'이 '−시키다'를 만나 동사가 되었고, (17나)는 명사 '안정'이 '−시키다'를 만나 동사가 되었다. 그러나 모든 명사에 붙지 않고 일부 명사에만 붙어 사용되므로 함께 쓰이는 명사에는 어떤 것들이 있는지 확인해 두는 것이 좋다.

사동문에서 눈여겨 보아야 할 것은 짧은 형태의 사동형과 긴 형태의 사동형이 같은 의미를 가지는지이다.

**(18)** 가. 누나가 나에게 감기약을 먹였다.

나. 누나가 나에게 감기약을 먹게 했다.

(18)의 두 문장이 같은 뜻을 가지고 있을까? (18나)를 먼저 보자. 이 문장이 이루어진 상황을 상상해 보면, 누나가 나에게 "감기약을 먹어야 해."라고 말했고, 나는 그 말을 듣고 감기약을 먹은 맥락이 그려진다. 그러나 (18가)의 경우는 두 가지 해석이 가능하다. 하나는 (18나)와 같은 내용이고, 다른 하나는 움직이지 못하는 나를 위해 누나가 직접 내 입에 감기약을 넣어 주고 물을 마시게 하여 삼키게 만드는 상황이다. 따라서 그 쓰임에 유의해야 한다.

사동문도 사동문만 있고 주동문은 존재하지 않는 문장들이 있다.

**(19)** 가. 친구는 끝까지 사실을 숨겼다.

나. 학생들이 도서관에서 강의실로 책을 옮긴다.

이 두 문장은 주동문이 될 수 없다.

**(20)**가. *사실이 끝까지 숨었다.

나. *도서관에서 책이 옮았다.

따라서 사동문이 언제, 왜 사용되는지를 잘 알고 상황에 맞게 써야 할 것이다.

1. '맞다'가 변한 '맞추다'와 '맞히다'의 모든 의미를 찾아 예문을 만들어 이야기해 봅시다.

2. '걱정하다'와 '걱정되다'는 의미적으로 어떠한 차이가 있는지 이야기해 봅시다.?

3. '-시키다' 사동문을 만들어 봅시다. 사동사가 되는 명사에는 어떤 것들이 있습니까?

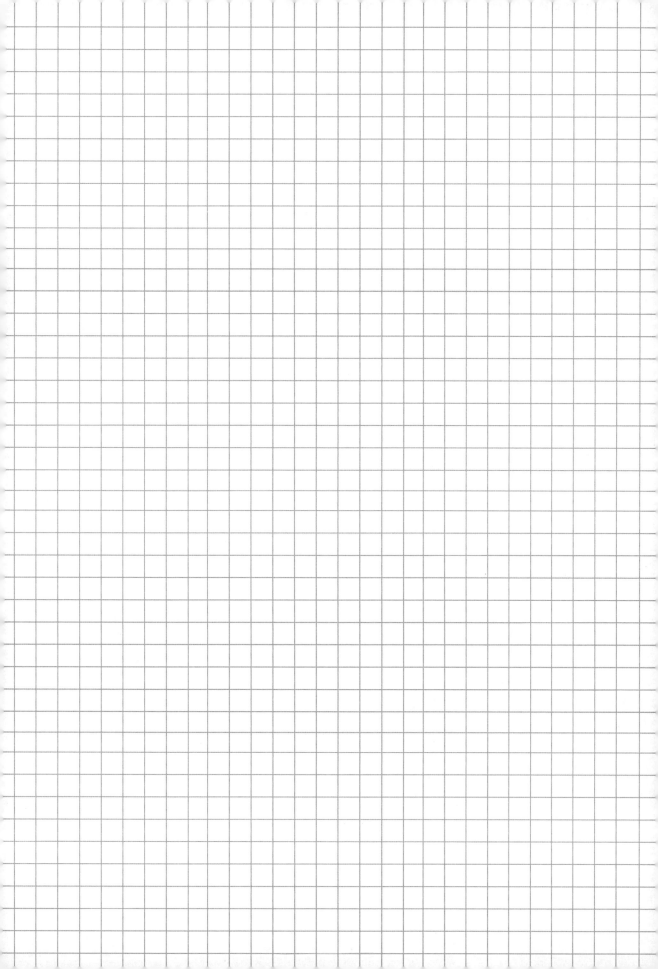

외국인 유학생을
위한 한국어 문법론

# 3

# 문법의 쓰임

**11강** 설명하는 글에 주로 쓰이는 문법

**11강** 감정이나 생각을 표현하는 글에 주로 쓰이는 문법

**13강** 설득하는 글에 주로 쓰이는 문법

**14강** 제안하는 글에 주로 쓰이는 문법

제3부에서는 앞에서 배운 한국어 내용들이 실제 어떤 맥락에서 어떻게 사용되는지 살펴보도록 한다.

우리가 말을 하거나 글을 쓴다는 것은 어떤 목적 아래에서 이루어진다. 예를 들어 무엇을 설명하기 위한 것인지, 다른 사람을 설득하는 것인지, 즉 말하기의 목적이 있다. 말하기의 목적이 정해지면, 어떠한 내용을 말할 것인지를 생각하게 되고, 그에 걸맞은 마땅한 어휘와 문법을 선택하게 된다.

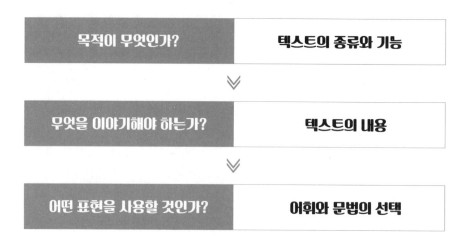

| 목적이 무엇인가? | 텍스트의 종류와 기능 |
| 무엇을 이야기해야 하는가? | 텍스트의 내용 |
| 어떤 표현을 사용할 것인가? | 어휘와 문법의 선택 |

예를 들어, '한국의 대학 생활'이라는 주제로 보고서를 쓴다면, 이 텍스트의 기능은 설명하기가 될 것이다. 텍스트의 내용은 한국 대학생들의 다양한 생활 방식이 될 것이다. 그리고 그에 걸맞은 어휘와 문법을 선택하여 실질적인 글을 써내려 갈 것이다.

제3부에서는 텍스트의 기능에 따라 자주 쓰이는 문법에 대해 살펴보고 그 실제적인 쓰임에 대해 살펴볼 것이다. 제3부의 구성은 다음과 같다.

### 11강. 설명하는 글에 주로 쓰이는 문법

### 12강. 감정-생각을 표현하는 글에 주로 쓰이는 문법

### 13강. 설득하는 글에 주로 쓰이는 문법

### 14강. 제안하는 글에 주로 쓰이는 문법

설명하는 글에 자주 사용되는 문법이 있고, 설득하는 글에 자주 사용되는 문법이 있다. 물론 설명하기에 쓰이는 문법이 설득하기에 쓰이기도 한다. 설득하기 위해서는 어떤 내용을 먼저 설명해야 하기 때문이다. 따라서 먼저 설명을 위한 문법을 살피고, 다음으로 자신의 감정이나 생각을 표현하는 데 쓰이는 문법을 공부하도록 한다. 이어 설득을 위한 문법들을 추가적으로 익히고, 마지막으로 종합 활동이라 할 수 있는 제안서 쓰기에 필요한 문법들을 이야기하기로 한다.

# 11강
# 설명하는 글에 주로 쓰이는 문법

1. 설명하는 글에는 어떤 것들이 있습니까? 예를 들어 보십시오.

2. 설명할 때 가장 중요한 것은 무엇이라고 생각합니까?

3. 안내문, 요리법, 사용설명서 중 하나를 골라 어떤 문법이 들어 있는지 확인해 봅시다.

어떤 대상을 다른 사람에게 이해시키기 위해 쉽게 풀어 이야기하는 것을 '설명'이라고 한다. 누군가 "'안경'이 뭐예요?"라고 묻는 상황을 가정해보자. 이때 가장 쉬운 방법은 손가락으로 가리키며, "이거예요." 대답해주는 것이다.

그러나 안경이 눈앞에 보이지 않는다면? 우리가 실제로 듣는 질문, 해야 할 대답은 안경처럼 단순하지 않다. 때로 눈으로 볼 수 없는 것일 수도 있고, 볼 수 있다 해도 단번에 알아챌 수 없는 경우도 있다. 또 다른 시간, 다른 장소에 있어 지시하는 방법을 사용할 수 없는 경우도 있다.

이때에는 본질을 꿰뚫는 정의와 함께 쉽고 구체적인 설명이 필요하다. '꽃병'이 무엇인지, '효도'가 무엇인지 누군가의 설명을 통해 알 수 있게 되는 것이다.

## 설명하는 텍스트가 들어간 예

설명하는 글은 우리 주변에서 쉽게 찾을 수 있다. 한국어 사전, 백과사전 등 사전이 대표적인 설명문이고, 우리가 학교에서 읽는 교과서도 대부분 설명문으로 이루어졌다. 더욱이 설득하는 글인 논설문이나 표현하는 글인 감상문에도 설명은 반드시 필요하다. 설명을 먼저 하고 난 뒤 자신의 주장을 이야기하거나 자신이 느낀 점을 표현할 수 있기 때문이다.

사전을 비롯하여 교과서의 문법 설명, 여행지의 관광 안내 책자, 전자 제품의 사용 설명서, 약의 복용법, 요리 레시피 등이 설명하는 글의 예가 된다. 이러한 설명하기는 정의, 예시, 묘사, 비교와 대조 등을 통해 이루어지는데, 정의는 본질을 개념화하는 방법이고, 예시, 묘사, 비교와 대조는 그 개념을 구체화하고 특성을 명확히 하는 이야기 방법들이다. 아래에서 자세히 살펴보도록 한다.

## 11.1. 정의

한 어휘의 뜻을 명확히 할 때 사용되는 설명 방법이다. 개념을 설명하는 것이다. 일반적으로 정의하는 문장은 「설명할 대상」이란 「차별이 되는 특징」 + 「범주」이다'의 구성으로 문장을 이룬다.

표. 정의하는 문장을 만드는 예

| 대상 | 다른 것들과 차별이 되는 특징 | 범주 | 정의하는 문장 |
|---|---|---|---|
| 수학 | 수량 및 공간을 연구한다. | 학문 | 수학이란 수량 및 공간을 연구하는 학문이다. |
| 미술 | 색이나 조형(만들어진 형태)로 표현된다. | 예술 | 미술이란 색이나 조형으로 표현되는 예술이라 할 수 있다. |
| 켤레 | 두 개가 하나의 짝이 되는 것을 센다. | 단위 | 켤레란 두 개가 하나의 짝이 되는 것을 세는 단위이다. |

예를 들어 '수학'을 정의하고 싶으면, 우선 그 범주를 알아야 한다. 수학은 국어학, 과학, 사회학 등과 같은 '학문' 범주에 속한다. 그렇다면 수학은 국어학과 무엇이 다른가? 과학과는 무엇이 다른가? 그 차별적인 특성을 수학의 설명으로 삼는 것이다. 〈표〉를 보

면 보면 차별적인 특징으로 '수량 및 공간을 연구한다'라고 되어 있다. 그러면 이제 정의문을 만들 수 있다. "수학이란 수량 및 공간을 연구하는 학문이다."라고 말이다.

미술도 마찬가지다. 범주는 '예술'이고, 음악이나 연극 같은 다른 공연과 차별되는 점은 '색이나 조형으로 표현된다.'는 것이다. 그렇다면 "미술이란 색이나 조형으로 표현되는 예술이다"라고 문장을 만들 수 있다.

'켤레'는 수를 세는 단위 명사이다. 어떤 것을 셀까? '권'이나 '마리'와는 어떻게 다를까? 〈표〉를 보고 다음과 같은 정의문을 만들 수 있다. "켤레란, 두 개가 하나의 짝이 되는 것을 세는 단위이다."라고 말이다.

하지만 다음과 같은 문장들은 정의문이라고 할 수 없다.

**(1)** 가. 과일이란 비타민이 풍부하게 들어 있는 식재료이다.

　　　나. 책이란 종이로만 만들어진 것은 아니다.

(1가)에서 범주인 '식재료'는 맞지만, '비타민이 풍부하게 들어 있다'는 과일만 가지고 있는 특성이 아니다. 돼지고기에도 비타민이 많고, 야채에도 많다. 그래서 정의문이라고 하기 어렵다.

(1나)도 정의문이 아니다. 범주도 없고, '종이로만 만들어진 것이 아니다'가 차별적인 특성도 아니기 때문이다.

그렇다면 이제 정의할 때 어떤 표현들을 쓰면 좋을지 살펴보도록 하자.

## [1] (이)란

정의하려고 하는 대상 뒤에 붙이면 가장 좋은 보조사이다. 항상 정의문에만 쓰이는 것은 아니나 이 보조사가 있을 경우 정의문일 가능성이 크다. 같은 자리에 보조사 '은/는'을 쓸 때도 있다. 그러나 '(이)란'을 쓸 경우 정의문임을 명백히 보일 수 있다.


**(2)** 가. 외국어란 다른 나라의 말입니다.

　　　나. 어른이란 다 자란 사람이다.


(2가)는 정의하려고 하는 말 '외국어' 뒤에 '(이)란'이 붙어 있다. 범주는 '말'이고 차별이 되는 특징은 '다른 나라의 것'이라는 점이다. (2나)는 '어른'을 정의하고 있다. '사람'이 범주이고 특징은 '완전히, 다 자랐다.'는 것이다. 이때 '이란' 자리에 보조사 '은/는'을 써도 의미는 같다.

## [2] ~ (이)라고 할 수 있다

정의문 일반적으로 '~ 이란 ~ 이다' 구성으로 이루어지는 것이 보통이다. 그러나 상황에 따라 확실하게 말하는 것(단언)을 피하고 그럴 수도 있다는 표현(유보적인 어조)로 이야기될 때가 있다. 사전에 나와 있지는 않지만, 화자가 생각하기에 이렇게 말하면 효과적으로 전달할 수 있다는 판단이 들 때, 또는 새로운 정의가 필요할 때 사용하면 좋다.

예를 들어 고향이란 자기가 태어나고 자란 곳을 일컫는다. 이것을 '사전적 정의'라고 한다. 그러나 아래와 같은 정의로 상대의 지식에 부딪히지 않게 이야기하는 것도 좋다.


**(3)** 가. 고향이란 마음속에 깊이 간직한 그립고 정든 곳이라 할 수 있다.

　　　나. 대학이란 사회를 이끌어나갈 전문가 양성 기관이라 할 수 있다.


(3가)는 고향에 대해 사전과 다른 정의를 하고 있다. (3나)도 마찬가지다. 그러나 정의문이 되기에 충분히 차별적인 특성으로 설명되고 있다. 이렇게 단정적으로 말하지 않고 자신의 생각을 부드럽게 전달하며 정의문을 만들고자 할 때, '~ (이)라고 할 수 있다'를

쓰면 좋다.

　그밖에 문장의 끝에는 '을/를 가리킨다'나 '을/를 일컫는다'와 같은 어휘도 많이 쓰인다. 이를 종합하여 정의문에 자주 쓰이는 문장 형식을 다음과 같이 정리할 수 있다.

---

**・[ ～ 이란 ～ 이다]**
　예 소득이란 일정한 일을 통해 얻는 정신적, 물질적 이익이다.

**・[～ 이란 ～ (이)라고 할 수 있다]**
　예 사랑이란 상대를 돕고 이해하려는 마음이라고 할 수 있다.

**・[～ 이란 ─을/를 일컫는다/가리킨다/나타낸다]**
　예 부동산이란 움직여 옮길 수 없는 재산을 일컫는다.

---

✅ 한국어란 무엇인가?

_____

_____

_____

_____

_____

_____

✅ 모성애를 한 문장으로 정의하시오.

_____

_____

_____

_____

_____

_____

_____

## 11.2. 예시

추상적인 것을 설명할 때 예시 방법을 쓰면 그것을 잘 이해할 수 있다. 따라서 예시는 구체적이어야 한다. 예가 되는 것들은 청자가 잘 알고 있는 것이어야 하고, 지나치게 특별한 예는 들지 않는 게 좋다.

### [1] 예를 들면, 예를 들어, 예컨대

세 표현 모두 같은 뜻과 기능을 가졌다고 볼 수 있다. 보통 문장의 첫 부분에 쓰인다. 그러나 '예컨대'는 말할 때보다 글쓸 때, 논문이나 신문 기사 등에 더 자주 쓰인다. 이 밖에도 '그 예로/ 구체적인 예로/예를 들어 보자면' 등 문맥에 맞게 여러 형태로 변형이 가능하다.

> **(3)** 가. 한국에는 옛날부터 전해져 오는 이야기들이 많다. 예를 들면, 콩쥐팥쥐, 선녀와 나무꾼 같은 것들이 있다.
> 나. 동계 스포츠는 겨울에 즐기는 스포츠이다. 예컨대, 스키, 스케이트, 번지 스키 등이 있다.

(3가)는 옛날부터 전해 오는 이야기들을 설명하기 위해 예시 방법을 쓰고 있다. (3나)는 동계 스포츠에 대해 설명하기 위해 구체적인 예를 들고 있다.

### [2] 등

위의 (3나)를 보면 문장이 '등이 있다'로 끝난다. '등'도 예시에 자주 쓰이는 의존명사이다. 그런데 '등'에는 두 가지 뜻이 있다. 첫째는 어떤 것들을 설명한 뒤 '그 밖에도 같은 종류의 것이 더 있음'을 뜻한다. 둘째는 두 개 이상을 말한 다음, 설명하고자 하는 것이 딱 그것뿐이라고 한정하기 위해 쓰인다. 두 설명이 서로 상충 되는 것으로 보이나 실제 사용에서는 어려움을 느낄 필요가 없다. 모두 예를 들어 설명할 때 쓰인다는 것만 알아두면 된다.

**(4)** 가. 감귤은 종류가 많다. 한라봉, 천혜향, 레드향 등 여러 품종이 있다.

　　나. 한국에는 서울특별시 외에 '광역시'라는 것이 있다. 부산, 대구, 인천, 광주, 대전, 울산 등 6개 도시가 광역시이다.

(4)는 모두 예시의 문장이다. 두 문장 모두에 '등'이 쓰였지만 용법이 다르다. (4가)는 감귤의 품종을 설명하는 문장으로 예시가 사용되고 있는데, 세 품종 외에 다른 것들도 있다는 뜻으로 '등'을 썼다. 반면 (4나)는 광역시를 설명하는 예시문인데, 6개 광역시 모두를 제시하고 있다.

## [3] 을/를 비롯하여

예를 드는 것 중 서열이 있을 때, 어떤 것을 먼저 말하는 것이 설명에 도움이 된다고 여겨질 때, 대표성이 강한 것이 있을 때 이 문법을 쓴다. 예들 가운데 가장 중요한 것이 '을' 앞에 온다.

**(5)** 가. 나는 한국 음식을 좋아한다. 김치를 비롯하여, 삼겹살, 된장찌개, 비빔밥 등은 내 입에 잘 맞는다.

　　나. 한국에 사는 동안 나를 도와주시는 분이 많았다. 유하영 선생님을 비롯하여 김 선생님, 박 팀장님 등 친절한 어른들 덕분에 행복한 시간을 보냈다.

(5가)에서 화자는 대표적인 한국 음식을 '김치'라고 생각했기 때문에 김치로 이야기를 시작하고 있다. (5나)에서는 '유하영 선생님'이 가장 많은 도움을 준 사람이기 때문에 맨 앞에 두어 '을/를 비롯하여'와 결합시키고 있다.

## [4] ～ –다든지 ～ – 다든지 한다

예가 되는 것들이 명사 같은 어휘가 아니라, 서술어나 문장일 때 사용하는 문법이다. '– 다든지'를 쓴 뒤에는 '하다'를 쓰면 좋다.

**(6)** 가. 일요일에는 학교에 가지 않는다. 대신에 산책을 한다든지 책을 읽는다든지 한다.
　　나. 외롭다든지 무섭다든지 하는 생각이 들 때면 엄마한테 전화를 한다.

이 문법은 '～ –거나 ～ –거나'로 바꿔 쓸 수 있다.

**(7)** 일요일에는 등산을 가거나 스키를 타러 가거나 한다.

예시를 위한 문장 구성을 정리하면 다음과 같다.

---

・**[예를 들면/예를 들어/예컨대 ～ 등]**
　예 아저씨는 젊었을 때 다양한 일을 했다. 예를 들면 소설가, 신문 기자, 광고 카피라이터 등 글을 쓰는 직업은 모두 다 했다.

・**[ ～ 을/를 비롯하여 ～ 등이 그 예이다]**
　예 동남아시아의 많은 국가들이 한국 기업과 손잡고 있다. 베트남을 비롯하여 말레이시아, 라오스 등이 그 예이다.

・**[ ～ –다든지 ～ –다든지 하다 ] ]**
　예 고향 생각이 나면 고향 영화를 보든지 고향 음식을 만들어 먹든지 한다.

---

✅ 인터넷의 문제점에 대해 예를 들어 설명하시오.

_____

_____

_____

_____

_____

_____

✅ 고향의 여행지를 예를 들어 설명하시오.

_____

_____

_____

_____

_____

_____

## 11.3. 묘사

묘사란, 사람, 사물, 사건 등을 그림 그리듯이 표현하는 것이다. 겉모습에 대한 설명이 필요할 때 사용한다. 묘사할 때는 다음을 유의한다.


■ 순서를 정해 놓고 묘사한다. 예를 들어 왼쪽에서 오른쪽으로, 전체에서 부분으로, 큰 것에서 작은 것으로, 가까운 곳에서 먼 곳으로 등 하나의 방식을 택하여 이야기해 나간다.

■ 자세히 관찰한 뒤 구체적인 표현으로 묘사한다. 묘사는 구체적일수록 좋다.


## [1] 마치 ~처럼

'처럼'은 묘사에서 가장 자주 사용되는 표현이다. '마치', '흡사', '꼭' 등의 부사와 함께 쓴다.


**(8)** 가. 그 아이의 얼굴은 마치 우유처럼 하얗다.

　　　나. 사람들이 가까이 다가서자 그 남자는 흡사 화난 호랑이처럼 소리를 질렀다.


(8가)는 아이의 얼굴이 어떠한지 묘사하고 있는 것이다. 얼굴이 하얀데, 그 하얀 정도가 우유 빛을 띠고 있다고 설명하고 있다. (8나)는 그 남자가 소리지르는 모습을 묘사하고 있다. 화난 호랑이처럼 소리를 질렀다니 어떤 모습인지 그림이 그려진다.

이때 '마치', '흡사' 등의 부사는 생략해도 상관없다.

## [2] 와/과 같다

알지 못하는 대상을 설명해야 할 때, 상대가 이미 알고 있는 것들 중 가장 비슷한 것을 찾아 비유하는 것도 좋은 방법이다. '같다'에 부사를 만드는 접미사 '-이'를 결합하여 '와/과 같이'로 사용하거나 관형사형 어미 '-(으)ㄴ'을 붙여서 '와/과 같은'의 형태로 사용하기도 한다. 또 서술어 뒤에 쓸 때는 '-(으)ㄴ/는 것(과) 같다'로 쓴다. 때에 따라 '와/과'를 빼고 '같다'만 쓸 수도 있다.

(9) 가. 아이의 이마는 깨끗한 거울과 같았다.

나. 그 섬은 소가 앉아 있는 것과 같은 모습이었다.

다. 머릿결이 비단같이 아름다웠다.

(9가)는 아이의 얼굴 중 이마를 묘사하고 있다. (9나)는 섬의 모습을 묘사하는 설명이다. (9다)는 아름다운 머릿결을 묘사하는 문장이다.

## [3] -(으)ㄴ/는/(으)ㄹ 듯이, -듯이, -(으)ㄴ/는/(으)ㄹ 듯하다

'듯'이 붙어 있는 문법들의 의미는 '-처럼'과 비슷하다. 이들 문법은 잘 알고 있는 무언가에 비유해서 설명할 때 쓰인다. 그러나 형태는 보는 바와 같이 다양하다. 먼저 관형사형 어미에 '듯이'가 붙은 구문을 살펴보도록 하자.

(10) 가. 그 사람의 걸음걸이는 이상했다. 마치 춤을 추는 듯이 걸었다.

나. 그 사람은 넘어질 듯 몸을 앞으로 내밀었다.

(10가)는 어떤 사람의 걸음걸이를 묘사하고 있는 문장이다. 걷고 있지만 꼭 춤을 추는

모습처럼 보인다는 설명이다. (10나)는 어떤 사람의 동작을 묘사하고 있다. 몸을 앞으로 내밀었는데 마치 넘어질 것처럼 보였다는 뜻이다. (10나)에서는 '듯' 뒤에 '이'를 생략했는데, 속담이나 관용구처럼 굳어진 표현이 아니라면 생략해도 된다.

이번에는 연결어미 '-듯이'를 보자. 이것은 용언의 어간 뒤에 붙는 문법이다.

**(11)** 가. 그 아이의 눈은 아름다웠다. 별이 반짝이듯 빛났다.

　　　나. 백화점 할인 첫날, 문을 열자 <u>파도가 밀려들듯</u> 사람들이 쏟아져 들어왔다.

(11가)는 아이의 눈을 묘사하는 문장이다. '반짝이다'라는 동사에 연결어미 '-듯'이 붙었다. (11나)는 사람들이 백화점 안으로 들어오는 모습을 묘사한 문장이다. 바다에서 해변으로 파도가 밀려드는 것처럼 사람들이 들어오고 있다고 설명하고 있다.

다음은 보조 형용사 '듯하다'를 보자.

**(12)** 가. 자동차 뒷모습이 재미있다. 마치 아기가 <u>웃는 듯하다</u>.

　　　나. 용우 씨가 의자 앞에 섰다. 모습을 보니 이제 자리에 <u>앉을 듯하다</u>.

(12가)는 자동차 뒷모습을 묘사하는 문장이다. 후방 라이트와 트렁크 모양이 웃는 아기를 닮았다고 묘사하고 있다. (12나)는 용우 씨의 모습을 묘사하고 있다. 의자 앞에 서서 이제 막 앉을 것 같은 동작을 하는 모습을 설명하고 있다.

이상으로 살펴본 표현들은 관형사형 어미가 붙은 것과 그렇지 않은 것으로 나눌 수 있다. 비슷하게 사용되지만, 관형사형 어미 때문에 발생하는 의미 차이가 존재한다. 왜냐하면 관형사형 어미에는 과거, 현재, 미래 등 시간의 의미가 포함되어 있기 때문이다.

**(13)** 가. 그림을 <u>그리듯이</u> 글씨를 쓰기 시작했다.

　　　 나. 그림을 <u>그린 듯이</u> 글씨를 쓰기 시작했다.

　　　 다. 그림을 <u>그리는 듯이</u> 글씨를 쓰기 시작했다.

　　　 라. 그림을 <u>그릴 듯이</u> 글씨를 쓰기 시작했다.


　　(13가)는 글씨를 쓰는 모습을 묘사하는 문장이다. (13가)의 '그리듯이'와 자연스럽게 바꿔 쓸 수 있는 말은 (13다)뿐이다. 왜냐하면 문맥상 글씨는 쓰는 바로 그 장면을 비유하는 것이므로 현재형이 가장 걸맞기 때문이다.

---

### 자주 사용되는 문장 형식

**·[꼭 ~처럼 생겼다]**
　예 밤하늘 달이 꼭 명절에만 꺼내어 쓰는 은쟁반처럼 생겼다.

**·[마치 ~(으)ㄴ/는/을 듯]**
　예 우리 강아지 해피는 죽은 듯 잠을 잔다.

---

⬦ 배운 표현을 사용하여 한 사람을 묘사해보십시오.

⬦ 가장 익숙한 장소 하나를 선택해봅시다. 그 공간을 시선의 흐름에 따라 묘사해보십시오.

# 묘사를 위해서는 의성어와 의태어, 그리고 색이나 재질을 표현하는 형용사들을 알아두면 좋다.

1) 의성어 –사물의 소리나 인간이 내는 소리를 흉내 낸 낱말.
   → 멍멍, 콜록콜록, 덜커덩덜커덩, 아삭아삭, 졸졸, 쿨쿨, 꼬르륵

2) 의태어 –사물이나 인간의 모양이나 태도·행동 등의 양태를 묘사한 낱말.
   → 덥석, 끄떡, 갸우뚱, 기웃기웃, 방긋방긋, 울긋불긋, 엎치락뒤치락, 헐레벌떡

3) 묘사할 때 사용하면 좋은 형용사
- 모양 – 동글동글하다, 납작하다, 뾰족하다, 뭉툭하다, 길쭉하다, 넘실대다 등

- 촉감 – 보드랍다, 거칠다, 푸석하다, 끈적거리다, 매끄럽다 등

- 색 – (ㄱ) 푸른색 계열
  [파랗다, 푸르다, 새파랗다, 시퍼렇다, 푸릇푸릇하다 등]

  (ㄴ) 노란색 계열
  [노랗다, 누렇다, 샛노랗다, 누리끼리하다. 노르스름하다, 노릇노릇하다 등]

  (ㄷ) 붉은색 계열
  [빨갛다, 붉다, 불그스름하다, 발그레하다, 벌겋다 등]

  (ㄹ) 검은색 계열
  [까맣다, 검다, 새까맣다, 시커멓다, 거무스름하다, 거무튀튀하다, 거무스레하다 등]

  (ㅁ) 흰색 계열
  [하얗다, 희다, 새하얗다, 희멀겋다, 희끄무레하다 등]

## 11.4. 비교와 대조

둘 이상에서 공통점을 찾는 일을 비교, 차이점을 찾는 일을 대조라 한다. 설명할 때 자주 사용되는 표현 방법이다.

### [1] 보다 더 ~

두 개의 대상이 있을 때 그것들이 가진 특성의 정도 차이를 비교할 때 쓴다.

**(14)** 가. 귀신보다 사람이 더 무섭다.

나. 하늘이 바다보다 훨씬 더 파랗다.

이때 기준은 각각 '무섭다', '파랗다'이다. (14가)에서는 '귀신'과 '사람'이 비교 대상이고, (14나)에서는 '하늘'과 '바다'가 비교의 대상이다.

### [2] 만 하다 / 만 못하다

'만'은 한정할 때 쓰는 보조사이다. 이 보조사를 활용하여, 한 가지 대상을 다른 대상과 비교하며 말할 때 '만 하다' 또는 '만 못하다'로 표현한다. 특히 크기나 높이, 양 등을 비교할 때 쓰인다.

**(15)** 가. 승우의 키는 내 어깨만 했다.

나. 사과가 이제 내 주먹만 해졌다.

다. 저 팀이 우리 팀 실력만 못하다.

라. 한국어 실력이 예전만 못하다.

(15가)는 승우의 키를 설명하기 위해 나와 비교하는 문장이다. 내 어깨 정도밖에 안 되니 나보다 키가 작다. (15나)는 사과의 크기를 내 주먹의 크기와 비교하는 문장이다. 사과가 커졌다는 의미이다.

(15다)는 저 팀의 실력과 우리 팀의 실력을 비교하는 문장이다. 저 팀의 실력이 우리 팀보다 나쁘다는 뜻이다. (15라)는 지금과 예전의 한국어 실력을 비교하는 문장이다. 예전만 못하다고 했으니, 예전이 더 낫고, 지금 실력이 안 좋다는 뜻이다. '예전만 못하다'라는 표현은 이전에 더 잘했다는 뜻으로 종종 쓰이니 기억해 두면 좋다.

※ '-만 하다'는 구성은 과장된 어휘와 함께 비유적으로 쓰이기도 하다.
예) 집채만 한 파도가 몰려온다.

## [3] 에 비해(서)

두 가지를 대조할 때 쓰는 문법이다. 하나의 대상을 기준으로 두고 그것에 다른 하나를 비교하며 살펴볼 때 쓴다.

**(16)** 가. 아버지는 할아버지에 비해서 키가 크시다.

　　나. 그 학교는 우리 학교에 비해 학생 수가 많다.

(16가)는 아버지와 할아버지의 키를 비교한 문장이다. 아버지의 키가 더 크다는 뜻이다. (16나)는 그 학교와 우리 학교의 학생 수를 비교하고 있다. 그 학교가 많고 우리 학교가 적다는 뜻이다.

## [4] -(으)ㄴ/는 반면(에), 반면(에)

이 문법은 대조할 때 쓰인다. 뜻은 '-지만'과 비슷하다. 앞 문장의 내용과 뒤 문장의 내용이 완전히 다르다는 사실이 분명하게 설명된다. 이때 대조하는 대상 뒤에 조사 '은/는'을 붙여 쓴다.

| 앞 문장 | | -(으)ㄴ/는 반면에 | 뒤 문장 |
|---|---|---|---|
| [주어][목적어][서술어] | | 는 반면 | [주어][목적어][서술어] |
| 언니는 라면을 좋아하 | | | 나는 라면을 좋아하지 않는다 |
| [주제어] | [주어][서술어] | ㄴ 반면 | [주어][서술어 |
| 그 여자는 | 손은 크- | | 발은 작다 |

**(17)** 가. 언니는 라면을 좋아하는 반면에 나는 라면을 좋아하지 않는다.

　　　나. 그 여자는 손은 큰 반면에 발은 작다. (O)

　　　다. 그는 손은 큰 반면에 작다. (X)


(17가)를 살펴보면 앞 문장과 뒤 문장의 기본 구조가 동일하다. '언니는(주어) 라면을(목적어) 좋아한다(서술어)'의 구조와 '나는(주어) 라면을(목적어) 좋아하지 않는다(서술어)' 구조가 같다. 대조가 되는 내용은 좋아하는지 좋아하지 않는지이다.

(17나)는 그 여자의 큰 손과 작은 발이 대조가 된다. 따라서 (17다)와 같은 문장은 만들어질 수 없다. '반면에'의 조사 '에'는 생략해도 된다. 한편 (18)처럼 '반면에'가 문장 앞에 쓰여 접속 부사어 역할을 하기도 한다.


**(18)** 가. 그는 말이 아주 빠르다. 반면에 행동은 무척 느리다.

　　　나. 소희는 운전을 잘한다. 반면 소희의 동생은 운전을 하지 못한다.

## [5] -(으)ㄴ/는 데 반해, 그에 반해

'-(으)ㄴ 반면에'와 마찬가지로 서로 다른 점을 대조할 때 사용한다. 이때 '데'는 '것'과 같은 뜻으로, 의존 명사에 조사 '에'가 생략된 형태이기 때문에 띄어 써야 한다.

(19) 가. 개는 주인의 말을 잘 듣는 데 반해 고양이는 주인의 말에 관심이 없다.

　　　다. 화가 이윤우는 쉬운 내용을 그림에 담았다. 그에 반해 화가 오미영은 자신만의 생각을 주제로 그림을 그렸다.

(19가)에서 대조하는 것은 개의 주인에 대한 태도와 고양이의 주인에 대한 태도이다. (19나)에는 '그에 반해'가 '그런데', '그러나' 같은 접속 부사어로 사용됐다. 이 문장에서 대조하는 것은 '이윤우의 그림 주제'와 '오미영의 그림 주제'이다.

'-(으)ㄴ/는 반면에'와 '-(으)ㄴ/는 데 반해'는 모두 대립의 의미를 나타내는 '-지만'이나 '-(으)ㄴ/는데'와 바꿔 쓸 수 있다. 그러나 지금 설명한 표현들을 쓰면 대조의 의미가 보다 극명하게 드러난다.

## [6] 면에서, (이)라는 면에서

비교하거나 대조할 때는 반드시 기준이 필요하다. 그 기준을 잘 드러낼 수 있는 표현 중 하나가 '면에서'이다. 기준이 문장일 때는 '(이)라는 면에서'[17]를 쓴다. '면'은 '측면'이나, '점' 등으로 바꿔 쓸 수 있다.

---

17　서술격 조사 '이다'는 안은문장에 안길 때 '이라'로 모양이 바뀐다.
　　예) 제 이름은 최세영이라고 합니다. / 나는 고등학생이라는 말을 하지 못했다.

**(20)** 가. 가격 면에서 비닐봉투보다 종이봉투가 더 낫다

　　나. 기술적인 측면에서 A사의 휴대폰보다 B사의 휴대폰이 앞서 있다.

　　다. 한라산과 백두산은 화산이라는 점에서 같다.

　　라. 한라산은 화산 활동이 멈춘 사화산이라는 면에서 백두산과 차이가 있다.

(20가)는 비닐봉투와 종이봉투를 비교하고 있는데, 그 기준은 가격이다. (20나)의 비교 기준은 기술이다. 다른 기준에서는 모르겠으나 기술 면에서는 B사 휴대폰이 더 뛰어나다는 의미다.

(20다)는 한라산과 백두산의 공통점을 이야기하고 있다. '화산'이라는 공통점을 갖고 있다는 의미다. (20라)는 두 산의 차이점을 이야기하고 있는데 그 기준은 '화산 활동'이다. 사화산은 죽은 화산이라는 뜻으로, 한라산은 사화산, 백두산은 활화산이라는 차이가 있다는 문장이다.

## [7] -더니

'-더니'는 과거의 상황과 현재의 상황을 비교, 대조할 때 쓰인다. 그런데 그 대상은 1인칭이 아니라 2인칭, 3인칭으로 내 관찰을 통해 이루어지는 것이어야 한다. 다시 말해 화자가 과거의 어떤 현상과 현재의 어떤 현상을 비교하며 말할 때 쓰는 문법이다. 시간의 변화에 따른 비교, 대조라 할 수 있다.

따라서 관찰의 결과는 과거와 현재가 같을 수도 있고, 반대일 수도 있고, 어떤 새로운 사건이 발생할 수도 있다. 예를 통해 살펴보자.

**(21)** 가. 아침에는 춥더니 낮이 되니까 더워요.

　　나. 어제도 길이 막히더니 오늘은 더 막혀요.

다. 동생이 공부를 열심히 <u>하더니</u> 시험에 합격했어요.

(21가)는 아침(과거)과 낮(현재)의 온도를 대조하는 문장이다. 대조의 결과 지금 더워졌다. (21나)는 어제와 오늘의 교통 상황을 비교하고 있다. 오늘이 더 많이 막힌다는 의미다. (21다)는 화자가 동생이 공부를 열심히 한 사실을 과거에 관찰했고 그 결과로 시험에 합격했다는 사실을 알게 되었다는 의미다. 동생의 과거 상황은 '공부를 열심히 함'이고 현재 상황은 '시험에 합격함'이다.

이 문법은 제약이 많다. 기본적으로 1인칭 주어와 함께 사용될 수 없지만, 나의 기분이나 신체의 일부 등은 주어가 될 수 있다. 또한 선행절과 후행절의 주어가 같거나 주어가 다를 경우에는 주제가 같아야 한다.

**(22)**가. *어제는 내가 공부를 열심히 하더니 오늘은 안 해요.
　　나. *어렸을 때는 언니가 <u>날씬하더니</u> 지금은 동생이 뚱뚱해요.

(22가)는 주어가 1인칭이기 때문에 잘못된 문장이다. '내가' 대신 '오빠가'와 같은 3인칭 주어를 쓰면 자연스러운 문장이 된다. (22나)를 바로잡는 방법은 두 가지이다. 하나는 주어를 '언니'로 통일시키는 것이고, 다른 하나는 주제를 '날씬하다'로 통일시키는 것이다. (22)를 올바르게 고치면 다음과 같다.

**(23)**가. 어제는 오빠가 공부를 열심히 하더니 오늘은 안 해요.
　　나. 어렸을 때는 언니가 날씬하더니 지금은 뚱뚱해요.
　　나'. 어렸을 때는 언니가 <u>날씬하더니</u> 지금은 동생이 날씬해요.

## 자주 사용되는 문장 형식

- **[⑦는 ④만 하다] = [⑦의 정도(크기, 양 등)가 ④만 하다]**

  예 딸기가 손바닥만 하다. = 딸기의 크기가 손바닥만 하다.

- **[⑦는 ④만 못하다] = [④가 ⑦보다 낫다]**

  예 언니의 요리 솜씨는 엄마만 못하다. = 엄마의 요리 솜씨가 언니보다 낫다.

- **[⑦는 −(으)ㄴ/는 반면에 ④는 −]**

  예 도시 인구는 증가하는 반면에 시골 인구는 줄어들고 있다.

- **[⑦는 ~다. 그에 반해 ④는 −]**

  예 서울은 집값이 오르고 있다. 그에 반해 우리 도시는 집값이 떨어지고 있다.

- **[⑦와 ④는 ~(이)라는 면에서 공통점이 있다/차이점이 있다]**

  예 형과 나는 야구를 좋아한다는 면에서 공통점이 있다.

- **[전에는 ⑦이/가 ~ −더니 지금은 ④이/가 ~어졌어요/게 되었어요]**

  예 전에는 그 가게에 손님이 없더니 지금은 손님이 많아졌어요.

⊘ '자신'과 '어머니/아버지'와의 공통점에 대해 쓰십시오.

⊘ 10년 전 여러분의 나라와 지금 여러분의 나라를 비교, 대조하여 봅시다.

## 11.6. 순서

순서를 나타내는 기본 문법은 '-(으)ㄴ 뒤에(후에/다음에)'와 '-기 전에'가 있다. 이 절에서는 그밖에 어떤 문법들이 있는지 살펴보도록 하자.

## [1] -고

연결어미 '-고'는 두 문장을 '나열'할 때 쓰이기도 하지만 '순서'를 나타낼 때 사용되기도 한다. 이때 선행절과 후행절의 주어는 같아야 한다. 주로 형용사가 아닌 동사와 함께 쓰이고, '-고' 앞에 시제 선어말 어미를 붙이지 못한다.

**(24)**가. 나는 이를 닦고 밥을 먹는데, 동생은 밥을 먹고 이를 닦는다.

나. 아이는 세수를 하고 머리를 감았다.

다. 아이는 세수를 했고 머리를 감았다.

(24가)에는 나와 동생이 등장한다. 나는 먼저 이를 닦고 나중에 밥을 먹는다. 반면에 동생은 밥을 먼저 먹고 나중에 이를 닦는다. '-고'가 순서의 의미로 쓰인 것이다. (24나)도 마찬가지로 순서의 의미로 쓰였다. 세수를 하는 것이 먼저, 머리를 감은 것이 나중이다. 그러나 (24다)는 행동의 순서일 수도 있지만, 그렇지 않을 수도 있다. 단순히 '세수를 했다'와 '머리를 감았다'라는 문장이 나열된 것으로 해석할 수 있다. (24다)는 '아이는 머리를 감았고 세수를 했다.'라고 써도 의미가 통한다.

이와 같은 '-고'의 시간성은 명령문에서 쉽게 찾아볼 수 있다.

**(25)**가. 씻고 밥 먹어라.

나. 숙제하고 놀아.

다. 이름 얘기하시고 자리에 앉으세요.


(25)는 모두 명령문인데 그 순서가 매우 중요하다. (25가)에서는 씻는 일을 먼저 한 다음 밥을 먹어야 한다. (25나)에서는 논 다음 숙제해서는 안 된다. (25다)에서는 자리에 앉은 다음 이름을 얘기해선 안 된다. 이름 이야기가 먼저이다.

## [2] -고서, -고 나서

앞의 일이 끝난 다음 다른 일이 일어남을 이야기 할 때 쓴다. '-고'에 비해 시간적 순서의 의미가 뚜렷하다. 선행절과 후행절의 주어가 같아야 하고, 동사와 함께 쓴다. 이 문법 앞에는 시제 선어말 어미가 붙지 못한다.


(26) 가. 목욕을 하고서 미장원에 갔다.

나. *목욕을 하였고서 미장원에 갔다.

다. 운동을 하고 나서 친구들을 만나러 갔다.

라. *운동을 하였고 나서 친구들을 만나러 갔다.


(26가)와 (26다)만 맞는 문장이다. 두 문장의 의미는 같다. 반면 (26나)와 (26라)는 시제 선어말 어미가 붙었기 때문에 틀린 문장이다.

## [3] -어서1

연결어미 '-어서'는 이유의 의미를 가지고 있기도 하지만 시간적 순서의 의미를 갖기도 한다.

**(27)** 가. 언니는 이미 결혼해서 아이도 낳았다.

　　　나. 학교에 갔다 와서 얘기하자.

(27가)는 언니가 결혼한 다음 아이를 낳았다는 의미이다. (27나)는 학교에 갔다 온 뒤 얘기하자는 뜻이다.

그렇다면, 시간적 순서의 '-고'와 '-어서'는 어떤 차이점이 있을까?

**(28)** 가. 친구들은 모두 졸업하고 회사원이 되었다.

　　　나. 친구들은 모두 졸업해서 회사원이 되었다.

(28가)는 졸업과 취업이 각각 분리된 행동으로 순서를 가지는 반면 (28나)는 졸업과 취업이 연달아 일어난 하나의 사건과 같은 느낌을 준다. 특히 '보다', '듣다' 등의 인지 동사는 '-고'와 자주 쓰이고, '가다', '오다' 등 이동 동사는 '-어서'와 자주 쓰임을 알아두자.

**(29)** 가. 일단 물건을 보고 이야기하겠습니다.

　　　나. 내가 하는 말을 먼저 듣고 말해라.

　　　다. 먼저 가서 기다리고 있겠습니다.

　　　라. 도착해서 전화해라.

정리하자면, '-고'가 쓰인 문장은 '-어서'에 비해 앞뒤의 일들이 독립적 사건으로 느껴진다. 반면, '-어서'는 완전히 분리할 수 없는 밀접한 행동들이 연달아 일어나는 느낌을 준다.

한편, '-어서'의 경우, 이유의 뜻으로 쓰일 때는 뒤 문장에 명령형이나 청유형을 쓸 수 없지만, 순서의 의미로 쓰일 때는 (29라)와 같이 쓸 수 있다.

## [4] -자, -자마자

이 두 문법은 한 동작이 막 끝나고 다른 일이 바로 일어날 때 사용하는 연결어미이다. 먼저 '-자'를 살펴보자.

(30)가. 해가 지자 모두 집으로 돌아갔다.

나. 한 학생이 노래를 부르자 다른 학생들도 모두 따라 부르기 시작했다.

(30가)는 해가 지니까 그때 모두 집으로 돌아갔다는 의미다. (30나)는 한 학생이 노래를 부르기 시작하고 바로 이어서 다른 학생들이 따라 불렀다는 의미이다.

한편, '-자마자'는 '-자'와 비교하여 그 시간적 간격이 매우 짧다.

(31) 가. 집에 도착하자마자 비가 쏟아지기 시작했다.

나. 동생이 나를 보자마자 들고 있던 선물을 내밀었다.

(31가)는 집에 도착한 순간 비가 내렸다는 의미이다. (31나)는 동생이 나를 본 바로 그 순간 선물을 주었다는 의미이다. 앞 문장의 동작과 뒤 문장의 동작 사이에 다른 일이 일어날 시간이 없다.

## 연결어미 '-자'는 그밖의 다른 용법들을 가지고 있다.

■ '-이다' 서술어에 붙어 두 가지 이상의 자격이 있음을 나타낸다.
  예 그는 나의 스승이자 친구이다.


■ '-었-' 뒤에 붙어 어떤 상황이 있다 하더라도 뒷문장의 상태에 영향을 미칠 수 없다는 뜻을 나타낸다.
  예 아무리 달래 봤자 소용없다.

## [5] –는 대로

어떤 상태나 행동이 나타나는 그 즉시 뒤 문장의 상황이 일어남을 나타낼 때 쓰는 문법이다. 동사는 주로 '끝나다/가다/오다/이루다/찾다' 등이 온다. 이 동사들은 그 의미 안에 '끝나는 순간'이 있는 것들이다.

**(32)**가. 편지를 받는 대로 연락을 주십시오.

　　나. 동생은 수업이 끝나는 대로 도서관에 갔다.

　　다. 그 사람을 찾는 대로 바로 전화 드리겠습니다.

(32가)는 편지를 받는 행동이 끝나면 바로 연락을 달라는 의미다. (32나)는 수업이 끝난 뒤, 바로 도서관에 간다는 의미이다. (32다)는 그 사람을 찾으면 그때 바로 전화하겠다는 뜻이다. 세 문장 모두 '–자마자'로 바꿔 쓸 수 있다.

## [6] –기가 무섭게

이 문법은 '–자마자'가 의미하는 두 행동의 시간 간격보다 더 짧다. 이 문법은 어떤 행동을 한 뒤 '무서울 정도로 빨리' 다른 일이 일어났다는 뜻으로, 상황을 바라보는 화자의 주관적 태도가 포함되어 있다.

**(33)**가. 월급을 받기가 무섭게 통장에서 돈이 빠져 나간다.

　　나. 성공했다는 사실이 알려지기가 무섭게 친척들이 연락을 해왔다.

(33가)는 월급을 받았는데 정말 빠르게 통장에서 다른 곳으로 돈이 이체된다는 뜻이다. (33나)는 성공했다는 사실이 알려지니까 바로 친척들이 연락했다는 의미다. 이 문법

은 긍정적인 상황보다 부정적인 상황에 더 자주 쓰인다.

---

## 자주 사용되는 문장 형식

- **[～ –고 ～ –어라]**

  예 감기약 먹고 자라.

- **[～ 끝나는 대로 ～ ]**

  예 학기가 끝나는 대로 고향에 돌아갈 예정입니다.

---

&#9989; 최근에 다녀온 여행 하나를 떠올리고, 그것을 시간의 흐름에 따라 써 보십시오.

## 11.8. 이유

어떤 사건이 일어났다는 것은 그 사건을 일어나게 만든 원인이 있다는 것이다. 우리의 생활은 모두 어떤 원인의 결과물이다. 본 절에서는 이유, 원인를 나타내는 문법을 살펴보도록 한다.

### [1] 때문에, -기 때문에, - 때문이다

이들은 '때문'이라는 의존 명사로 만들어진 문법들이다. 먼저 '때문에'는 명사 뒤에 쓰이기도 하고 '-기 때문에' 형태로 동사나 형용사 뒤에 쓰여 문장과 문장을 연결하기도 한다. 또한 '이다'가 붙어 서술어처럼 쓰이기도 한다. 주로 평서문에 사용되며 구어와 문어에 두루 쓰인다.

**(34)**가. 지혜는 집안 문제 <u>때문에</u> 잠시 휴학했다.

　　나. 그때는 너무 어렸<u>기 때문에</u> 무엇이 중요한지 알지 못했다.

　　다. 나는 동생이 싫다. 동생이 음식을 나보다 많이 <u>먹기 때문이다</u>.

(34가)는 집안 문제라는 명사 다음에 바로 '때문에'가 쓰였다. (34나)는 '어렸다'라는 서술어 뒤에 '-기 때문에'가 쓰였다. (34다)는 '먹기 때문이다'가 서술어로 쓰였다. '때문' 앞에 있는 말들이 모두 이유가 된다.

### [2] -어서2

'-어서'는 두 가지 의미 기능을 가지고 있다. 첫째는 앞서 본 순서의 의미고, 둘째는 이유의 의미이다. '-어서'는 형태가 단순하고 발음도 쉬워서, 이유 문형 중에서도 많이 사용되고 구어와 문어에 두루 쓰인다. 그러나 통사적 제약이 많다. 먼저 '-었-'이나 '-겠-'과 같은 시제 선어말 어미와 결합할 수 없고, 후행절로 명령문이나 청유문이 올 수 없다.

**(35)**가. 눈이 많이 <u>와</u>서 늦었습니다.

나. *눈이 많이 <u>왔어</u>서 늦었습니다.

다. 눈이 많이 와요. 우산 갖고 나가세요(나갑시다).

라. *눈이 많이 <u>와</u>서 우산 갖고 나가세요(나갑시다).

(35가)는 '-어서'가 사용된 자연스러운 문장이다. (35나)에서 보는 바와 같이 '-어서' 앞에 '-었-'을 붙일 수 없다. (35라)는 명령문(청유문) 앞에 '-어서'가 연결된 문장이다. 이 문장도 자연스럽지 못하다.

## [2] -(으)니까, -(으)니

두 문법은 이유를 나타내는 표현이다. '-(으)니까'는 '-(으)니'[18]를 강조한 형태로 구어 적 표현이다. 그러므로 내용상 특별히 그 이유를 두드러지게 보이고자 할 때, '-(으)니까' 를 쓰는 경우가 많다. 다시 말해 이유를 강조할 필요가 없는 문장에서는 '-(으)니까'를 쓰 는 일이 자연스럽지 않다는 것이다.

**(36)**엄마: 나갈 때 옷 좀 두껍게 입어.

아이: 왜?

엄마: 추우니까 그렇지.

---

18 '-(으)니'는 이 밖에도 여러 동음이의어를 가지고 있다. 앞말의 내용에 보충하여 쓸 때나 종결형으로 쓰여 '당연히 그 러함'을 나타낼 때는 '-으니까'로 교체될 수 없으니 주의해야 한다.

한편, 이유를 강조할 필요가 없는 문맥에서는 '-(으)니까'보다 '-어서'를 쓰는 게 좋다.

(37) 선생님: 세영 씨, 오늘 왜 지각했어요?

　　가: ???죄송해요. 늦잠 잤으니까 좀 늦었습니다.

　　나: 죄송해요. 늦잠 자서 좀 늦었습니다.

(37)은 선생님이 세영이에게 왜 지각했는지를 묻는 질문과 그에 대한 대답이다. 그러나 그 질문에는 이유를 묻는다는 뜻 외에, 꾸짖는 의미도 포함되어 있다. 이때 세영이는 (37가)처럼 대답해서는 안 된다. 상황상 이유를 정확히 말하는 것보다 죄송하다는 말이 더 중요하기 때문이다. 따라서 '-어서'를 쓴 (37나)가 적당하다.

'-(으)니/(으)니까'는 '-어서'와 달리 시제 결합이 가능하다. 뒤 문장에 명령문, 청유문 등이 자유롭게 올 수 있다.

(38) 가. 국민에게 약속을 했으니 무슨 일이 있어도 지켜야 한다.

　　나. 이런 일은 제가 해결할 수 있으니까 일을 시끄럽게 만들지 마십시오.

　　다. 많이 먹었으니까 이제 방에 들어가라.

## [4] -(으)므로

역시 이유의 문법인데, 문어체에 쓰일 때 자연스럽다.

(39) 가. 승강장 사이가 넓어 내릴 때 발이 빠질 수 <u>있으므로</u> 조심하시기 바랍니다.

　　나. 국가는 국민을 위해 존재하는 것<u>이므로</u> 국민을 최우선으로 생각해야 한다.

(39가)는 지하철 역에서 들을 수 있는 안내 방송 중 일부이다. 발이 빠질 수 있기 때문에 조심하라는 내용이다. (39나)는 국가가 국민을 위해 존재하기 때문에 국민을 중요하게 생각하라는 뜻의 문장이다.

# 문제가 있으므로? 있음으로?

'-으므로'는 이유를 나타내는 연결어미인 반면 '-(으)ㅁ으로'는 명사형 어미에 조사 '으로'가 붙은 형태이다. 즉 '-(으)ㄴ 것으로써'란 뜻이다. 다음의 예를 보자.

[1] 김다빈 군은 타인의 모범이 <u>되었으므로</u> 이에 이 상을 수여합니다.
[2] 나는 좋은 논문을 많이 <u>써냄으로</u> 교수님 은혜에 보답하고 싶다.

[2]에서 논문을 많이 쓰는 것은 은혜에 보답하는 일의 이유가 아니라, '수단'이다. 이와 같이 수단을 나타낼 때는 '-써'를 써서 그 의미를 강조하기도 한다.

[3] 나는 좋은 논문을 많이 <u>써냄으로써</u> 교수님 은혜에 보답하고 싶다.

## [5] -느라고

이유의 의미 기능을 가진 문법이지만, 다른 이유 문법과는 차이가 있다. 어떤 일을 하는 동안 다른 일을 하지 못했을 때, 또는 어떤 일을 했기 때문에 부정적인 결과가 나왔을 때 이 문법을 쓴다.

그래서 동사 가운데서도 그 행동을 하는 데 시간이 필요한 것들만 함께 쓸 수 있다. 즉, 기본적으로 행동의 과정이 존재하지 않는 '기침하다'와 같은 순간 동사와는 함께 사용할 수 없고, '도착하다'와 같은 달성 동사와의 결합도 자연스럽지 못하다.[19] '도착하다'는 도착하는 바로 그때에만 '도착했다'라고 말할 수 있기 때문이다.

동작 동사나 완수 동사와의 결합은 자연스럽다. 그러나 이들도 '-지 않-'이나 '-지 못-'이 결합될 경우, 그 행위를 하는 데에 실제로 시간이 걸리지 않으므로 '-느라고'와 함께 사용할 수 없다. 시간이 소요되지 않아 뒤 문장의 행동을 방해할 수 없기 때문이다. 후행절에는 주로 '못하다/늦다/잃다/바쁘다' 등 부정적 의미를 가진 내용이 온다.


**(40)**가. TV를 보느라고 전화벨 소리를 못 들었어요.

　　나. 요즘 취업 준비하느라고 바빠요.

　　다. *감기에 걸리느라고 학교에 못 왔어요.


(40가)는 텔레비전을 보았기 때문에 전화벨 소리를 듣지 못했다는 뜻이다. 텔레비전에 집중하면 전화벨 소리를 듣기 어렵기 때문이다. (40나)는 취업 준비하는 일 때문에 그 부정적 결과로 바쁘다는 의미이다. 반면 (40다)는 잘못된 문장이다. '(감기에) 걸리다'는 걸

---

19 　순간 동사와 달성 동사에 대해서는 앞에서 배운 어휘상을 참고하기 바란다.

리는 과정이 없고, 걸린 상황에서만 쓸 수 있기 때문이다. 따라서 '-느라고'와 결합할 수 없다. 학교에 못 온 이유로, 감기에 걸렸음을 이야기하고 싶다면 다른 이유 표현을 쓰면 된다.

또한 '-느라고'는 시제 선어말 어미를 함께 쓸 수 없다. 후행절에는 과거형의 평서문, '-었다/었어요/었습니다'를 쓰는 경우가 많다.

## [6] -길래

원인이 내가 아니라 다른 사람이나 사건일 때, 그래서 의도하지 않은 일을 하게 되었을 때 쓰는 문법이다. 남 탓할 때, 핑계를 댈 때 많이 쓴다.

**(41) 동훈: 무슨 우유를 이렇게 많이 샀어?**

　가. 민지: 응. 반값 할인 행사하길래 좀 샀어.

　나. 민지: 응. 반값 행사해서 좀 샀어.

(41)에서 우유를 많이 산 것은 할인 행사 때문이다. 그런데 (41가)는 처음부터 살 생각은 없었음을 의도하고 있고, (41나)는 단수한 원인, 결과 문장이다. 즉 이 문법은 아래와 같이 다른 사람의 말을 듣고 그것 때문에 행동했다고 말할 때 자주 사용된다.

**(42)**가. 이 학교 시설이 좋다길래 더 묻지도 않고 이곳으로 결정했습니다.

　　나. 어느 나라 사람이냐길래 왜 그런 걸 묻냐고 질문했어요.

　　다. 동생이 영화 보자길래 무슨 영화인지도 모르고 따라왔어요.

　　라. 자꾸 돈을 빌려 달라길래 한 번 더 그러면 얼굴 안 보겠다고 했다.

(42가)는 다른 사람에게 "이 학교 시설이 좋다."라는 이야기를 들었고, 그래서 이 학교를 결정했다는 의미다. (42나)는 누군가가 "어느 나라 사람이에요?"라고 물었고 그래서 내가 "왜 그런 걸 물어?"라고 되물었냐는 의미다. (42다)는 동생이 "영화 보자!"라는 말을 들었는데 나는 무슨 영화인지 모르고 따라왔다는 의미다. (42라)는 누군가가 "돈을 빌려 줘!"[20]라고 말했고, 나는 한 번 더 그런 말을 하면 다시 얼굴을 안 보겠다고 답했다는 의미다.

또한 '도대체', '어떻게' 등의 부사어와 함께 의문문 형식을 이루어, **도저히 그 원인을 이해할 수 없음**'을 나타내기도 한다.

**(43)**가. 도대체 무슨 꿈을 꾸었길래 그렇게 땀을 흘려요?

나. 당신이 어떻게 했길래 그 사람이 계속 전화를 하는 거예요?

(43)은 원인을 물음과 동시에, '이해가 안된다', '납득이 안 된다'는 화자의 태도까지 드러내고 있다.

## [7] ‒(으)ㄴ 나머지

이 문법은 감정 상태나 행동이 지나쳐서 어떤 결과를 가지고 왔다는 의미를 나타낼 때 쓴다.

**(44)**가. 너무 기쁜 나머지 눈물을 흘리고 말았다.

나. 술을 너무 많이 마신 나머지 옷과 가방을 택시 안에 두고 내렸다.

---

20 '‒어 주라'는 인용절에서 '‒어 달라'로 바뀐다.

(44가)는 기쁘면 웃는 게 일반적이지만 그 기쁨이 과하여 울게 되었다는 뜻이다. (44나)는 술을 지나치게 많이 마셔서 옷과 가방을 택시 안에 두고 내렸다는 문장이다. 두 문장 모두 이유의 기본 뜻에다가 '선행절 상황이 지나쳐서 가지고 온 결과'라는 뜻이 더해진 문법이다.

## [8] (으)로 인해, 그로 인해 ～

'인하다'는 '무엇의 이유가 되다'라는 뜻이다. 서술어나 문장을 수식할 때는 '(으)로 인해', 체언을 수식할 때는 '(으)로 인한'의 모양으로 쓰여 이유를 나타낸다. '또 '그로 인해'의 형태로 쓸 수도 있다. 문장 맨 앞에서 앞 문장의 내용 때문에 이러한 결과가 나왔다는 의미의 뒤 문장을 이끌기도 한다.

**(45)**가. 지난 한 해 교통사고로 인한 사망자 수가 10만 명을 넘어섰다.

　　　나. 국가의 부정부패가 심각했다. 그로 인해 국민들이 피해를 입었다.

(45가)는 교통사고 때문에 죽은 사람이 10만 명을 넘었다는 의미다. (45)는 국가의 부정부패 때문에 국민들이 피해를 입었다는 의미이다. 이 문법은 주로 문어체, 즉 보고서나 신문 기사에 많이 나온다.

## ↘ 그 밖의 이유 표현들

### 1. 문장 연결형

● **−는 바람에, −는 통에**: 원하지 않는 결과가 일어났을 때 쓰는 문법이다. '−는 통에'는 특히 그 이유가 정신이 없는 상황과 관련이 있다.

> (예) 비가 오는 바람에 등산 약속이 취소됐어요.
> 아기가 하도 울어대는 통에 물을 끓이는 걸 잊어버렸어.

● **−어 가지고**: 구어에서만 쓸 수 있는 이유 문법이다.

> (예) 어제 잠을 못 자 가지고 피곤해 죽겠어요.

● **−고 해서**: 말하는 이유 외에 다른 이유도 있음을 나타낸다. 구어 표현이다.

> (예) 기분도 좀 별로고 해서 술 한잔하러 나왔어.

● **−어서인지**: 이유를 추측할 때 쓴다.

> (예) 날씨가 좋아서인지 공원에 사람들이 유난히 많다.

● **−은/는 덕분에**: 좋은 결과가 있을 때 감사한 마음으로 쓴다. 때로 비아냥거릴 때 쓰기도 한다.

> (예) 다른 선생님들이 도와주신 덕분에 일을 빨리 끝내게 되었습니다.

● **−기에**: '−길래'의 문어적 표현. 이유를 나타내는 연결어미로, 주로 옛글에서 많이 찾아볼 수 있다.

> (예) 반가운 손님이 오셨기에 버선발로 달려 나갔다.

### 2. 문장 종결형

● **−거든, −거든요**: 구어에서만 쓰이는 문형. 문장 끝에 붙이면 이유를 밝히는 문장이 된다.

> (예) 가: 어제 왜 학교에 안 왔어요?  나: 몸이 아팠거든요.

● **−잖아, −잖아요**: '∼임을 너도 알고 있다'는 뜻이지만, 종종 이유를 밝히는 문법에 쓰인다. 문장 끝에 붙이며, 구어에서만 쓰인다.

> (예) 가: 밖에서 공부하자고요?  나: 네. 날씨가 좋잖아요.

## 3. 명사 연결형

● – 덕분(탓)에: 체언 바로 다음에 써 이유를 나타낸다. 화자 입장에서 그 결과가 좋지 않으면 '–탓에'를 쓴다. '덕분이다', '탓이다'와 같이 써 용언처럼 쓰기도 한다.

> 예 교수님 덕분에 졸업하게 되었습니다. / 그 실수는 모두 내 탓이다.

---

### 자주 사용되는 문장 형식

· **[왜냐하면 ~기 때문이다.]**

> 예 인근 회사원들은 무리를 해서라도 이 식당을 찾는다. 왜냐하면 이곳의 주방장들은 항상 신선한 재료들만 사용하기 때문이다.

· **[그로 인해 ~게 되었다]**

> 예 그 나라는 B.C. 46년 로마의 식민지가 되고 말았다. 그로 인해 고유의 문화는 사라지고 그 빈자리에 로마 문화가 자리 잡게 되었다.

· **[ ~은/는 나머지 ~고 말았다]**

> 예 그는 자신의 아내를 너무나 사랑한 나머지 주변의 남자를 모두 연적으로 착각하고 몹쓸 사건을 저지르고 말았다.

**문장연습**

✅ 한국어 실력이 쉽게 향상되지 않는 이유는 무엇입니까?

✅ 모국의 가장 큰 사회 문제는 무엇이고 그 원인이 무엇인지 써봅시다.

# 📝 쓰고 발표하기

11강에서 배운 문법을 사용하여 설명문을 써봅시다.

설명문은 처음(도입), 중간(본문), 끝(맺음말)로 구성됩니다. 각각에는 다음과 같은 내용이 들어갑니다.

### ※ 설명문의 구성

| 구 분 | 내 용 |
|---|---|
| 도입 | 주제 소개 |
| | 범위 및 방법 소개 |
| 본문 | 특징 1. |
| | 특징 2. |
| | 특징 3. |
| 맺음말 | 요약 및 정리 |

이제 '모국어'를 주제로 실제 설명문을 써봅시다. 쓰고 발표해 봅시다.

※ 제목 : _____

| | |
|---|---|
| **도입** | 설명할 대상 소개 |
| | 범위 및 방법 소개 |
| **본문** | 언어의 특징 1. |
| | 언어의 특징 2. |
| | 언어의 특징 3. |
| **맺음말** | 요약 정리 |

# 12강
## 감정이나 생각을 표현하는 글에 주로 쓰

### 12.1. 감정-생각을 이야기하는 일

이 강에서는 자신의 감정이나 생각을 이야기하는 표현 방식을 살펴보도록 한다. 이러한 표현들은 객관적으로 정보를 전달하는 설명의 방식과 구분된다. 유명한 화가의 전시회에 다녀온 상황을 가정해보자. 자신의 일기장에 "아, 인물 한 명 한 명, 그 표정과 동작에 대한 묘사가 대단했다."라고 쓴다면, 이 한 줄의 목적은 무엇일까? 어떤 맥락에 쓰였냐에 따라 다르겠지만, 일반적인 관점에서 이 문장의 목적은 개인적인 의견의 표현이다. 상대방에게 동의를 구하거나 정확한 사실을 전달하는 일은 중요하지 않다. 오직 나의 감정, 생각을 표현하는 것이 중요하다. 이것은 핵심적인 언어 기능 중 하나이기도 하다.

#### 한국인의 유쾌 – 불쾌 감정단어

| 유쾌단어 | 점수 | 순위 | 불쾌단어 | 점수 |
|---|---|---|---|---|
| 홀가분하다 | 6.24 | **1** | 참담하다 | 1.52 |
| 행복하다 | 6.16 | **2** | 한맺히다 | 1.6 |
| 사랑스럽다 | 6.09 | **3** | 역겹다 | 1.67 |
| 기쁘다 | 5.94 | **4** | 배신감 | 1.73 |
| 반갑다 | 5.91 | **5** | 경멸하다 | 1.74 |
| 즐겁다 | 5.89 | **6** | 증오하다 | 1.75 |
| 통쾌하다 | 5.79 | **7** | 열등감 | 1.86 |
| 뿌듯하다 | 5.75 | **8** | 억울하다 | 1.9 |
| 자랑스럽다 | 5.72 | **9** | 비참하다 | 1.91 |
| 재미있다 | 5.72 | **10** | 절망하다 | 1.91 |

※1점에 가까울수록 불쾌, 7점에 가까울수록 유쾌

서울대 심리학과 민경환 교수팀은 '한국어 감정단어'를 연구해 한국심리학회지에 발표했다.

# 문법

그림의 표현들은 일상 대화는 물론, 일기, 독서 감상문, 영화 감상문 등에서 쉽게 볼 수 있는 어휘들이다. SNS와 같이 개인적으로 글을 쓸 수 있는 공간이 확대되면서 이러한 형식의 표현 방식은 점차 중요성을 더해가고 있다.

## 12.1. 소망

'소망'이란, 앞으로 어떤 일이 일어나기를 바라는 것이다. 그러나 어떤 경우는 자신이 바라는 것을 말하는 것만으로도 상대방의 행동을 바꾸는 힘, 즉 명령문의 기능을 갖기도 한다.

### [1] -고 싶다

무언가를 바랄 때 쓰는 대표적인 보조 형용사이다. 구어, 문어 모두에 쓰일 수 있다. 부정문으로 바꿀 때는 '-고 싶지 않다', 관형사형으로 바꿀 때는 '-고 싶은'의 형태가 된다.

(1) 가. 이 영화를 한 번 더 보고 싶다.

　　 나. 그 음악을 여러 번 듣고 싶지 않다.

　　 다. 다시 보고 싶은 영화는 기생충이다.

'-고 싶다'의 주어는 일반적으로 1인칭 화자이다. 2인칭이나 3인칭을 주어로 쓸 경우에는 뒤에 '-어 하다'를 붙여 쓴다.

**(2)** 가. (나는) 제주도로 여행을 가고 싶다.

나. 그 사람은 제주도로 여행을 가고 싶어 한다.

다. 너는 제주도에 가고 싶어 했어.

라. 너는 제주도에 가고 싶니?

(2가)는 주어를 따로 쓰지 않아도 화자가 주어임을 알 수 있다. 그러나 (2나)의 주어는 3인칭이다. 이때는 '-고 싶어 하다'로 고쳐 써야 한다. 한편 (2다)와 (2라)는 주어가 2인칭인데 평서문일 때와 의문문일 때가 다르다. 평서문일 때는 3인칭과 마찬가지로 '-고 싶어 하다'를 쓰고, 의문문일 때는 '-고 싶다'를 쓴다.

## [2] -기를 바라다/희망하다/기원하다

'바라다'와 같은 기원 동사는 목적어가 필요한 동사인데, 목적하는 바가 용언일 때 '-기' 명사절로 만들어 앞에 둔다.

**(3)** 가. 이번 시험에서 좋은 결과가 있기를 바랍니다.

나. 저는 한국어교육과에 입학하기를 희망합니다.

다. 모든 일이 잘 되기를 기원합니다.

'바라다'는 말하기와 쓰기 모두에 두루 사용되지만, '희망하다'나 '기원하다'는 격식을 갖춘 자리나 문어체에 쓰인다. '-기' 자리에 바로 명사가 와도 된다.

**(4)** 가. 저는 무엇보다 가족의 행복을 <u>바랍니다</u>.

　　 나. 저는 Q사 입사를 <u>희망합니다</u>.

　　 다. 만사형통을 <u>기원합니다</u>.


특히 (4다)의 '만사형통'은 모든 일이 뜻대로 됨을 의미하는 말로, 관용구처럼 쓰이니 따로 기억해 두자.

그 밖에 기원 동사로 '원하다'가 있다. 그러나 '원하다'는 문장 끝에 쓰이기 보다 '내가 원하는 회사', '동생이 원하던 전공' 등 관형사형으로 쓰이는 경우가 많다.


## [3] -었으면 하다

가정의 '-(으)면'에 '하다'가 붙어 '-(으)면 하다'의 문법을 이루었는데, 그 앞에 '-었-' 이 붙어 소망의 표현으로 사용된다.[21] 이미 이루어진 것처럼 생각하고 싶은 마음이다. '하 다' 자리에는 '좋겠다'가 쓰이기도 한다.


**(5)** 가. 저는 졸업하고 한국어 선생님이 <u>되었으면 합니다</u>.

　　 나. 함께 여행을 <u>갔으면 하는</u> 남자 배우 1위는 누구일까요?

　　 다. 그림을 잘 <u>그렸으면 좋겠습니다</u>.


'-고 싶다'는 주어의 제약이 있는 반면, 이 문법은 주어의 제약이 없다. '-고 싶다'와 함 께 이 문법도 상황에 따라 명령문이나 청유문처럼 쓰이기도 한다.

---

21 '-(으)면 하다'과 '-었으면 하다'는 때로 교체하여 사용할 수 있으나, '-었으면 하다'가 상대적으로 더 강조되는 느낌 이 있다.

(6)  가. (할머니가 손자에게) 커피 한잔 마<u>셨으면</u> 좋겠어.

나. (선생님이 학생에게) 수진이가 친구들한테 좀 더 다정하게 말<u>했으면</u> 해.


(6가)는 할머니의 바람이지만, 이 바람을 이야기한다는 것은 '커피 한 잔 줘.'라고 하는 명령 또는 부탁의 의미가 깃들어 있다고 볼 수 있다. 마찬가지로 (6나)도 선생님이 학생에게 부탁의 말을 하고 있는 것처럼 느껴진다.

&check; 한국 유학생활을 하며 꼭 이루고 싶은 소망을 써봅시다.

&check; 가까운 사람(친구, 가족)한테 바라는 것을 써봅시다.

## 12.2. 아쉬움

'아쉽다'라는 감정은 바라던 일이 이루어지지 않았을 때, 어떤 일이 끝났는데 그 결과가 만족스럽지 않을 때 느끼는 감정이다.

### [1] -고 말았다

'그만두다', '않다'라는 뜻의 '말다'가 다른 동사 뒤에 붙으면서 과거 선어말 시제와 함께 쓰이면, 그 일이 완료되었다는 뜻이 된다. 그러나 단순히 그 일이 끝났다고 말하고 싶다면 '-고 말다' 없이 과거 시제 '-었-'만 써도 충분하였을 것이다. 끝났다는 사실 외에, 화자가 아쉽고 속상하다고 이야기하고 싶을 때 이 문형을 쓴다.

**(7)** 가. 동생이 치킨을 다 먹고 말았다. [치킨을 다 먹었다. 그래서 속상하다]

나. 대학 시험에 떨어지고 말았다. [대학에 떨어졌다 그래서 속상하다]

다. 남자 주인공이 죽고 말았다. [죽었다. 그래서 아쉽다]

(7)의 문장들 모두 어떤 일이 완료되었고, 그 결과 속상하거나 아쉽다는 의미를 담는다.

한편, '-고 말았다'는 문맥에 따라 좋은 감정을 담기도 한다. 이때 완료되는 일들은 끝내기 힘든 일이어야만 한다.

**(8)** 가. 오태환 선수, 드디어 1위 자리를 차지하고 말았습니다.

나. 돌아가신 줄 알았던 어머니가 아직 살아 계신다는 말에 울음을 터트리고 말았다.

(8가)는 1등하는 일이 매우 어려웠는데 결국 1위를 차지했다. 그래서 몹시 좋다는 뜻을 나타내고, (8나)는 어머니가 아직 살아 계셔서 너무 좋고, 그래서 울음을 터트렸다는 의미이다.

## [2] -어 버리다

'버리다'는 필요 없는 것을 던지거나 없앤다는 뜻이다. 따라서 '-고 말았다'와 마찬가지로 어떤 일이 끝나서 좋은 감정, 끝나서 아쉬운 감정을 표현할 수 있다.

**(9)** 가. 동생이 내 치킨을 다 먹어 버렸다.
　　나. 운동 덕분에 불면증이 사라져 버렸다.

(9가)는 동생이 치킨을 다 먹어서 속상하다는 뜻을 가지고 있고, (9나)는 잠을 자지 못하는 불면증이 없어져서 시원하다는 뜻이다. 주로 (9가)와 같이 부정적인 내용에 많이 쓰인다.

그렇다면, '-어 버리다'와 '-고 말았다'는 똑같은 의미를 지니고 있을까? 의미 기능은 비슷하나 조금 차이가 있다. (10)을 보자.

**(10)** 가. 주인공이 죽어 버리고 말았다.
　　나. *주인공이 죽고 말아 버렸다.

(10)은 '-어 버리다'와 '-고 말았다'가 한 문장에 동시에 쓰인 문장이다. (10가)는 '-어 버리다'가 어간 바로 뒤에, (10나)는 '-고 말았다'가 어간 바로 뒤에 붙었다. 결과적으로 (10나)는 비문이 된다.

이는 '–어 버리다'가 어휘적인 성격이 더 강하고, '–고 말았다'는 문법적인 성격이 강하기 때문이다. '–어 버리다'는 이미 한 단어처럼 쓰이는 단어들이 있을 정도(잃어버리다, 잊어버리다 등)인데 마치 접미사처럼 행동하는 모습을 보인다.

---

### 자주 사용되는 문장 형식

- **[결국 ~고 말았다/어 버리다]**
  예 여자 친구는 결국 고향으로 돌아가 버리고 말았다.

- **[드디어 ~고 말았다/어 버리다]**
  예 김치를 만드는 데 늘 실패했었다. 하지만 오늘 드디어 성공하고 말았다.

---

&#10003; 열심히 노력했는데 실패해서 속상했던 적이 있습니까?

&#10003; 열심히 노력했는데 마침내 성공해서 기뻤던 적이 있습니까?

과거에 자신이 한 일이 잘못이라고 생각하는 것을 '후회'라고 한다. 따라서 후회하는 사건은 언제나 과거의 일이고, 지금은 반대의 상황이 좋다고 생각하는 문법이다.

## [1] 괜히 ~ –었다

'괜히'는 '필요 없이'라는 뜻과 '이유 없이'라는 뜻을 가진 부사이다. 이유가 없다는 말은 '그냥'으로도 바꿔 쓸 수가 있어 둘을 구분해야 한다. '이유 없이'의 '괜히'는 현재시제 선어말 어미와도 쓰일 수 없는 반면, '필요 없이'의 뜻을 가진 '괜히'는 과거시제 선어말 어미와 함께 쓰여 후회하고 있음을 보인다.

**(11)** 가. 겨울용 등산화 괜히 샀어요. 겨울 내내 등산 한번 못 갔거든요.

　　　나. 회사에 다니는 친구들 보면 부럽다. 괜히 대학원에 왔다는 생각이 든다.

(11가)에서 후회하는 것은 등산화를 산 일이다. (11나)에서 후회하는 것은 대학원에 온 일이다. 각각 그렇지 않은 것이 더 좋았다고 생각하고 있다.

## [2] –(으)ㄹ 걸 그랬다

후회할 때 쓰는 문형으로 구어에 어울린다. 글 쓸 때도 사용할 수 있는데, 일기나 편지와 같은 구어적 문어에 어울린다.

**(12)** 가. 고향 음식 만드는 법을 배워 둘 걸 그랬다. 한국에서 혼자 만들어 보려고 하니 잘 되지 않는다.

나. 유학을 마치고 고향으로 돌아간 친구들은 요즘 취업이 잘 되는 모양이다. 한국어를 좀 일찍 공부할 걸 그랬다.

　(12가)에서 후회하는 내용은 고향은 음식 만드는 방법을 배워두지 않은 것이다. (12나)에서 후회하는 내용은 일찍 한국어를 공부하지 않은 것이다. 현재 바라는 바와 반대되는 내용이 이 문형 앞에 있음을 기억해 두어야 한다.

지금 바라는 내용 + -(으)ㄹ 걸 그랬다

## [2] -었어야 했다

　하지 못한 일에 대해(혹은 해버린 일에 대해) 반대였으면 더 좋았을 것이라는 '후회'와 '아쉬움'이 함께 나타나는 문형이다. '-(으)ㄹ 걸 그랬다'와 비슷하다.

**(13)** 가. 한국어 공부를 좀 더 일찍 시작했어야 했다.
　　　나. 그 사람에게 사랑한다고 말했어야 했다.

　(13)에서 후회하는 내용은 한국어 공부를 좀 더 일찍 시작하지 않은 점이다. (13나)에서는 사랑한다고 말하지 않은 것을 후회하고 있다.

지금 바라는 내용 + -었어야 했다

## 자주 사용되는 문장 형식

- **[–었으면 좋았을 걸 그랬다]**

  예 그 옷을 사지 않았으면 좋았을 걸 그랬다. 용돈이 부족하다.

- **[괜히 ~ –었다. ~ –었어야 했다]**

  예 괜히 그 사람에게 돈을 빌렸다. 은행에서 대출을 받았어야 했다.

⊘ 어렸을 때 한 행동 중에 가장 후회되는 일이 무엇입니까? 그 이유까지 함께 써 봅시다.

_____

_____

_____

_____

_____

_____

_____

_____

_____

_____

_____

_____

_____

_____

마음 속 깊이 대단하다고 생각하는 것을 '감탄'이라고 한다. 구어에서는 '아!', '우와' 등의 감탄사를 함께 사용하기도 한다. 예술 작품을 감상하거나 놀라운 일을 경험했을 때, 감탄하는 표현을 쓴다.

## [1] 얼마나 ~ – (으)ㄴ/는지 모르다

'얼마나'는 정도를 나타내는 말이다. 따라서 그 정도가 어느 수준인지 모를 만큼 대단하다고 생각할 때 이 문법을 쓴다. '매우, 아주, 정말' 등의 부사를 쓰는 것보다 효과가 더 크다.

**(14)** 가. 꿈꾸던 유학 생활을 하게 되었어요. 요즘 얼마나 행복한지 몰라요!

　　 나. 한국에서 처음으로 장학금을 받았을 때, 얼마나 기뻤는지 모릅니다.

(14가)는 행복한 정도를 모를 만큼 매우 행복하다는 뜻이다. (14나)는 과거에, 즉 장학금을 받게 되었을 때 아주 기뻤다는 뜻이다.

## [2] –다니

감탄할 때 사용하는 어미이다. 그대로 문장을 끝내는 감탄형 종결어미로도 사용되고, 뒤에 감탄하는 형용사 문장을 이어 쓰는 연결어미로도 사용된다.

**(15)** 가. 치킨 한 마리를 혼자서 다 먹다니!

　　 나. 아이가 도둑을 잡았다니 대단하다!

(15가)는 혼자 다 먹은 일이 대단하다고 깜짝 놀라는 내용의 문장이다. (15나)는 놀라는 사실을 '-다니' 앞에 쓰고 그에 맞는 형용사를 이어 쓴 문장이다. 놀라는 내용은 아이가 도둑을 잡은 일이다.

# 한국어 감탄문을 만드는 방법

한국어에서 감탄하는 문장을 만드는 것은 아주 쉽다. 문장 끝에 느낌표(!)만 붙이면 된다. 영어와 차이가 크다.

(1) 가. How bright the child is!

　　가' The chid is very bright!

　　나. 그 아이, 정말 똑똑하네!

　　나' 그 아이가 얼마나 똑똑한지 몰라요!

영어에는 감탄문이라는 문장의 종류가 따로 있어 (1가)처럼 쓴다. (1가')처럼 쓰기도 하지만 (1가)가 전형적인 감탄문이다. 반면 한국어에서는 (1나)처럼만 써도 충분하다.

(1가)와 (1나)의 차이는 어순이다. 한국어는 감탄문이라고 해서 어순이 바뀌지 않는다. 다만 '-네/군/구나' 등의 어미를 붙여 '새로 알게 됨'을 보일 뿐이다.

## 12.5. 가정

이 문법은 설명할 때나 감정을 표현할 때, 설득하거나 제안할 때 두루 쓰인다. 아직 일어나지 않은 일을 일어났다고 생각하고 이야기해 보는 것이다.

### [1] −으면1

현재 사실이 아닌 것을 사실로 생각해 보며 말할 때 쓴다. '만약/만일' 등의 부사가 함께 쓰일 때도 있다. 후행절에는 의지, 추측, 가능성 등의 내용이 온다.

> **(16)** 가. 성공하면 반드시 고향으로 돌아오겠다.
>
> 나. 만약 너희 둘이 결혼하면 내가 냉장고를 사줄게.
>
> 다. 그 시절 국력이 강했으면 지금 한국은 경제 대국이 되었을지도 모른다.

(16가)는 아직 성공하지 않았는데 성공했다고 가정하면서 화자의 의지를 표현한 문장이다. (16나)는 '만약'이라는 부사어를 함께 써서 가정임을 확실히 보이고 있다. 역시 아직 일어나지 않은 일이 실제로 일어났을 때 냉장고를 사준다고 약속하고 있다.

(16다)는 '−(으)면' 앞에 과거 시제 선어말 어미가 붙은 문장이다. 이 문장은 과거에 그랬으면 현재에 이렇게 되었을 것이라고 과거를 추측해 보는 문장이다. 즉 (16가)와 (16나)는 미래의 일과 관계가 있는 반면, (16다)는 현재에 일어나지 않은 일을 가정해봄으로써 아쉬움과 소망 등을 드러낸다.

### [2] −다면1

'−다고 한다면'의 줄임말이다. 앞에서 본 '−(으)면'은 용언 뒤에 바로 붙는 문법인 데 반해, '-다면'은 서술어로 끝나는 한 문장이 '-다면' 앞에 붙게 된다.

**(17)** 가. 만일 저녁에 눈이 온다면 길이 막혀 고생을 할 것이다.

　　나. 만일 어제 눈이 왔다면 길이 막혀 고생을 했을 것이다.

　　다. 네가 내일 학교에 안 오겠다면 나도 안 오겠다.

(17)은 '-다면' 앞에 시제 선어말 어미를 붙인 것들이다. (17가)는 현재시제 선어말 어미가 쓰였지만, '-(으)면' 때문에 미래 사건으로 해석된다. 따라서 (17가)는 미래 상황을 가정하고 미래 상황을 추측하는 내용의 문장이다. 반면 (17나)는 과거시제 문장을 선행절로 갖는 문장이다. 과거 상황을 가정하고 과거 상황을 추측하고 있다. (17다)는 '-겠-'을 붙인 가정문으로 미래 상황임을 보임과 함께 주어의 의지까지 나타내고 있다. 마찬가지로 미래 상황과 관련된 가정이고 추측이다.

이 문법은 '-(으)면'에 비해 좀 더 불가능할 일들을 가정할 때 사용된다고 알려져 있다. 그러나 의미 차이가 크게 나지는 않는다.

**(18)** 가. 내가 새라면 너에게 날아갈 텐데.

　　나. 엄마가 아빠를 만나지 않았다면(않았으면) 나는 존재하지 않았을 것이다.

(18가)는 새가 될 수 없는 불가능한 상황을 가정한 것이다. 이때는 '-(으)면'으로 바꿔 쓸 수 없다. 하지만 이렇게 바꿔 쓸 수 없는 것은 한정적이다. 대개는 (18나)처럼 '-었으면'으로 교체하여 써도 무방하다. 다만 '-다면' 앞에는 시제 선어말 어미가 자유롭게 붙을 수 있어 시간의 의미가 더해진다는 점을 기억해 두면 좋겠다.

## [3] –었더라면

'–(으)면' 앞에 '–었–'과 '–더–'가 연이어 붙은 문법이다. '–었–'은 과거시제 선어말 어미이자 완료상을 나타낸다. '–더–'는 회상 선어말 어미이다. 이 문법을 '–었으면'이나 '–다면'과 비교했을 때, 어떠한 내용을 가정한다는 점에서는 공통점을 갖는다. 그러나 '–었더라면'은 과거의 사실과 반대되는 내용을 가정한다는 점에서 큰 차이가 있다.

> **(19)** 가. 공부를 열심히 <u>했더라면</u> 시험에 합격했을 것이다.
>
> 나. 공부를 열심히 <u>했으면</u> 시험에 합격했을 것이다.
>
> 다. 공부를 열심히 <u>했다면</u> 시험에 합격했을 것이다.

(19가)에서는 확실히 공부를 열심히 하지 않았음을 알 수 있다. 반면 (19나)와 (19다)에서는 확실히 그러한지 파악할 수 없다.

> **(20)** 가. 날씨가 <u>좋았더라면</u> 축구 경기를 했을 것이다.
>
> 나. 내가 <u>결혼했더라면</u> 너 같은 아이가 있었을 것이다.

(20가)는 날씨가 좋지 않았다는 사실에서, 그 반대인 상황을 가정해 보는 것이다. 이 문장을 통해 축구 경기를 하지 않았음을 알 수 있다. (20나)에서 '나'는 결혼하지 않았다. 하지만 '결혼했더라면'이라고 가정해보고 그 결과로 불가능한 일을 이야기해 보는 것이다.

## 12.6. 오해

### [1] -(으)ㄴ/는 줄 알았다, 미처 ~ -(으)ㄴ/는 줄 몰랐다.

'알다'라는 동사는 그 의미의 특성상, 과거시제 선어말 어미를 붙이는 일에 주의를 해야 한다. 일반적으로 우리는 새로운 것을 알게 되면 계속 알고 있는 상태가 된다. 그러나 기억하고 있기에 너무 긴 시간이 지나면 잊어버리게 되고 '알다'라는 상태가 '모르다'라는 상태가 된다. 그때 비로소 이렇게 말할 수 있다.

그땐 알았다.

이 말은 지금은 모른다는 뜻을 포함하고 있다.

그리고 다음과 같은 경우도 있다. 예전에 알게 된 사실은 A=B이다. 그래서 그동안 나에게 A는 B였다. 그런데 오늘 A≠B라는 사실을 새롭게 알게 되었다. 이로써 나에게 A=B는 과거의 앎이 된다. 이때 이렇게 말할 수 있다.

나는 A=B인 줄 알았다.

그리고 '알다'의 반대말 '모르다'를 써 이렇게 말할 수도 있다.

나는 A≠B인 줄 몰랐다.

이처럼 잘못 알고 있었음을 이야기할 때 이 문법을 쓴다.

**(21)** 가. 나는 교수님이 결혼하신 줄 알았다.

나. 옛날 사람들은 지구가 평평한 줄 알았다.

다. 재석이가 현주의 남자친구인 줄 미처 몰랐다.

(21가)에서 진실은 '교수님이 결혼을 안 하신 것'이다. 그런데 '나'는 결혼한 것으로 오해하고 있었다. (21나)에서 옛날 사람들은 지구가 평평하다고 잘못 생각했다. (21다)에서 화자는 '재석이가 현주의 남자친구이다'라는 사실을 몰랐다. '미처'는 '-(으)ㄴ줄 모르다'의 의미를 강조해주는 부사이다.

## 12. 7. 회상

'회상'이란 현재의 시점에서 과거의 경험을 돌이켜 보는 것이다. 과거를 돌아보며 그때 어떠했다고 자신의 생각을 표현하는 문법이다.

### [1] -더라고요/-던데요

'-더-'는 회상 선어말 어미이다. 과거에 화자가 직접 경험해서 알게 된 사실을 현재 다른 사람에게 전달할 때 사용하는 어미이다. 이 '-더-'는 '-더라고요'와 '-던데요'와 같이 다른 어미와 붙어 서술어로도 쓰인다.

**(22)** 가. 어제 영화를 봤는데 정말 재미있더라고요.

나. 어제 영화를 봤는데 정말 재미있던데요.

(22)에서 알 수 있는 내용은 '영화가 재미있다.'는 사실이다. 그런데 (22가)와 (22나)는

그 사실을 전하는 화자의 태도 면에서 차이가 있다. (22가)는 단순한 감정의 전달이다. 재미있었음을 회상하며 표현하는 것이다.

　반면 (22나)는 단순한 전달이라고 보기 어렵다. '-더-' 다음에 오는 '-(으)ㄴ데' 때문이다. '-(으)ㄴ데'는 두 가지의 용법을 가지고 있다. 하나는 반대되는 내용을 전달하는 용법이고, 다른 하나는 배경을 설명하는 용법이다. 따라서 '-던데요'는 이 두 가지 용법을 함께 갖게 된다.

**(23)**가. 어제 그 영화 봤는데 정말 재미있<u>던데요</u>. 왜 재미없다고 말했어요?

　　나. 어제 그 영화 봤는데 정말 재미있<u>던데요</u>. 남자친구랑 같이 보러 가세요.

(23가)는 누군가로부터 그 영화가 재미없다는 정보를 듣고 그에 반대되는 의미로 "재미있던데요."라고 말하는 상황이다. (23나)는 자신이 재미있게 느꼈으니까 청자와 청자의 남자친구에게 영화를 추천하는 상황이다. 즉 추천을 위한 배경으로 "재미있던데요"를 말한 것이다.

　이 두 문법은 '-더-'가 포함되어 있기 때문에 1인칭 주어를 쓸 수 없다. 화자가 관찰한 대상이 주어가 되는 경우가 많다. 그러나 화자의 감정에 대해서는 쓸 수 있다.

**(24)**가. *어렸을 때 제가 예쁘<u>더라고요</u>.

　　나. *어렸을 때 제가 예쁘<u>던데요</u>.

　　다. 그 뉴스를 저도 들었어요. 진짜 화가 나<u>더라고요</u>.

　　라. 그 뉴스를 저도 들었어요. 진짜 화가 나<u>던데요</u>. 그 뉴스 사실이에요?

(24가, 나)는 주어가 1인칭이므로 비문이 된다. (24다, 라)는 화자의 감정이므로 자연

스러운 문장이다.

한편 이 문법들은 새롭게 알게 된 사실에 대해서만 쓸 수 있다. 즉 청자가 이미 아는 사실일 경우 이 문법을 쓸 수 없다.

**(25)**\*우리 고향은 산이 많더라고요.

(25)는 '산이 많아요.'로 쓰는 것이 적당하다.

또한 반말로 쓸 때는 '요'를 삭제하면 된다. 그리고 문어체에서는 사용하지 않고 구어체에서, 비격식적으로만 사용된다.

**(26)**가. 미주야, 너 춤 정말 잘 추더라(/추던).

　　나. (뉴스를 보도하며) 지난 주말 스케이트 대회가 있었습니다. ???우리나라 선수들
　　　이 참 잘하더라고요(잘하던데요).

반말체는 (26가)와 같다. (26나)에서 보는 것처럼 격식을 갖추어야 하는 자리에서는 이들 문법을 쓰지 않는다. 회상하지 않고 사실 전달에 초점을 두는 것이 옳다.

## [2] -던/었던

제2부 문장의 구조에서 살펴본 바와 같이 관형절을 만드는 관형사형 어미에는 '-(으)ㄴ/는/(으)ㄹ' 그리고 '-던'이 있다. '-(으)ㄴ/는/(으)ㄹ'은 각각 과거, 현재, 미래시제를 그 의미로 갖지만, '-던'은 그리 단순하지 않다. 회상 선어말 어미 '-더-'에 붙은 받침 'ㄴ'이 붙어 몇 가지 해석을 낳는다. 또한 그 앞에 '-었-'까지 붙으면 새로운 의미가 추가된다.

따라서 집중해서 살펴볼 필요가 있다.

먼저 '-던'은 과거에 반복된 일을 회상하면서 말할 때, 그리고 과거에는 그랬지만 현재는 아닌 일을 설명할 때 쓰인다.

**(27)** 가. 내가 식후에 마시던 차는 녹차였어.

나. 내가 그리던 그림의 주인공은 할머니였어요.

(27가)를 해석해 보자. '나는 과거에 밥을 먹고 나면 녹차를 마셨다. 습관처럼 반복적으로 마셨다. 하지만 지금은 아니다.'로 풀이할 수 있다.

그런데 (27나)는 두 가지로 해석할 수 있다. 첫째, '나는 그림을 그린 적이 있다. 그것은 할머니였다. 그리고 나는 그리는 일을 더 이상 하지 않는다. 그림은 미완성이다.'로 풀이할 수 있다. 둘째 해석은, '나는 그림을 자주 그렸다. 그림의 주제는 늘 할머니였다. 하지만 더 이상 그림을 그리는 일을 하지 않는다.'이다.

즉 '-던'에는 '과거에 어떤 행동을 했는데 중단되었다'는 의미와 '과거에 반복적으로 하는 일을 더 이상 하지 않는다'는 의미가 있다고 정리할 수 있다.

그렇다면 '-었던'은 언제, 어떤 의미로 쓰이는가? 우리는 제2부에서 상을 공부하며 '-었-'이 완료상 문법으로 쓰인다는 사실을 공부했다. '-었던'의 '-었-'은 완료의 의미를 갖는다. 즉 그 행위는 완료되었음을 명확하게 보여주는 역할을 하는 것이다.

**(28)** 가. 그 여자는 내가 사랑한 사람이었다.

나. 그 여자는 내가 사랑하던 사람이었다.

다. 그 여자는 내가 사랑했던 사람이었다.

(28)의 공통점은 내가 과거에 어떤 여자를 사랑했다는 사실이다. (28가)는 단순히 과거의 일을 이야기하고 있는 반면, (28나)에서는 회상의 의미와 중단의 의미가 더해진다. (28다)는 (28나)의 의미에 더 이상은 아니라는 완료의 의미까지 더한다.

즉 (28다)에서는 '나는 그 여자를 사랑했지만 지금은 사랑하지 않는다.'라는 의미가 분명하게 드러난다는 것이다.

한편 이 두 문법이 형용사 뒤에 오면 사정이 달라진다.

**(29)**가. 추운 겨울

나. 춥던 겨울

다. 추웠던 겨울

형용사의 관형사형은 의미적 특성상 현재와 과거를 구분하지 않고 모두 '-은'으로 쓰므로 (29가)의 시간이 과거인지 현재인지 분명하게 알 수 없었다. 그러나 (29나)에서는 그 상태가 과거이고 현재 그 과거를 회상하고 있음이 드러난다. (29다)에서는 마침내 과거의 의미가 분명해진다.

그러나 실제 사용에서는 (29나)와 (29다)의 '춥던'과 '추웠던'은 서로 교체하여 써도 무리가 없을 만큼 의미 차이가 크지 않다. 다만 현재가 아님을 강조하여 말하고 싶을 때는 '-었던'을 사용하면 된다.

**(30)**가. 우리는 말없이 서로 쳐다만 봐도 좋던 사이였다.

나. 우리는 말없이 서로 쳐다만 봐도 좋았던 사이였다.

다. 그와 나는 한때 친구이던 적이 있었다.

라. 그와 나는 한때 친구였던 적이 있었다.

(30가)와 (30다)는 '-던'이, (30나)와 (30라)는 '-었던'이 붙어 있다. '-던'이 붙은 쪽은 어떤지 몰라도, 확실히 '-었던'이 붙은 문장들은 그 상태가 현재의 상태는 아님이 부각되고 있다. (30나)에서 더 이상은 좋지 않음을 알 수 있고, (30라)에서 이제는 친구가 아님을 확실히 알 수 있다.

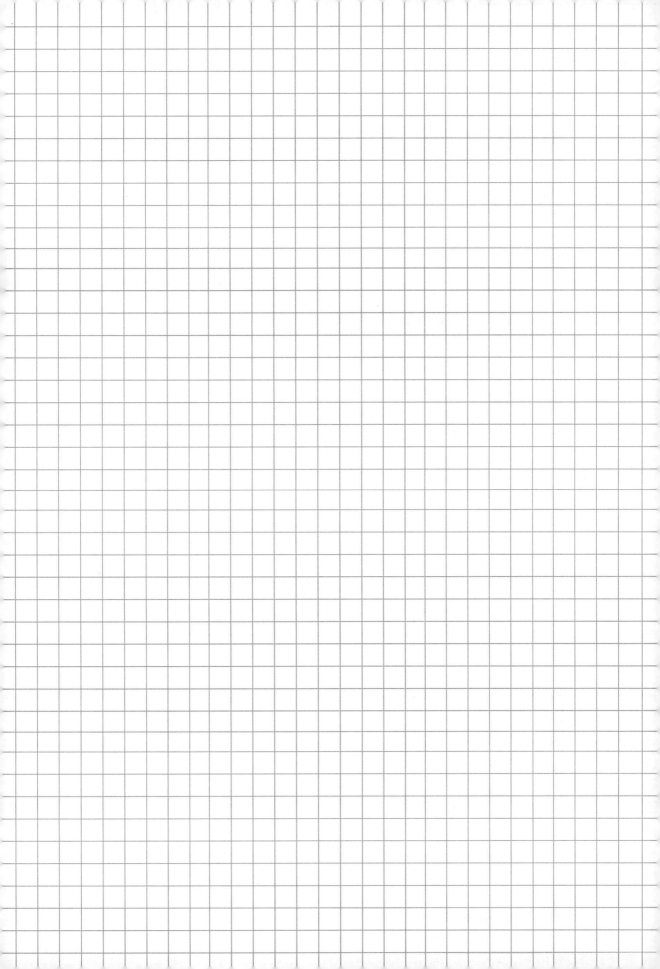

# 📝 쓰고 발표하기

12강에서 배운 문법을 사용하여 감상문을 써봅시다. 주제는 영화, 드라마, 음악, 책 등 무엇이든지 좋습니다.

※ 감상문의 구성

| 구 분 | 내 용 |
|---|---|
| 도입 | 주제 소개 |
| | 주제 선정 이유 소개 |
| 본문 | 감상 포인트1. |
| | 감상 포인트2. |
| | 감상 포인트3. |
| 맺음말 | 요약 및 정리 |

이제 실제 감상문을 써봅시다. 쓰고 발표해 봅시다.

※ 제목 : _____

| | |
|---|---|
| **도입** | 주제 소개 |
| | 주제 선정 이유 |
| **본문** | 1. |
| | 2. |
| | 3. |
| **맺음말** | 요약 정리 |

# 13강
## 설득하는 글에 주로 쓰이는 문법

1. '설득'이란 무엇입니까? 최근에 누군가를 설득해 본 적이 있습니까?

2. 설득하는 글에는 어떤 것들이 있습니까? 글의 종류를 찾아 정리해 봅시다.

3. 설득을 잘하기 위해서는 무엇이 필요합니까? 설득하는 요령에 대해 생각해 봅시다.

# 1. 설득이란 무엇인가?

　'설득'이란, 다른 사람이 내 생각을 따르도록 하는 것이다. 이를 위해서는 내 의견이 옳다고 생각할 만한 근거를 제시해야 한다. 새로운 이론을 제시하는 논문, 언론사의 사설 또는 칼럼, 종교적 설교, 변호사의 변론, 기업의 상품 광고, 정치가의 의견과 결심을 담은 글이나 토론과 같은 말하기에 꼭 필요한 능력이다.

　설득하기를 위해서는 다음과 같은 문장 만들기 연습이 필요하다.

## 13.1. 주장

　'주장'이란 다른 사람을 설득하기 위해 자신의 생각을 강하게 이야기하는 것이다. 아래 문장은 대통령 선거 기간 중에 만들어진 홍보 문구이다. 무슨 뜻일까?

(1) 살기 좋은 나라를 만드는 힘은 국민 여러분께 있습니다.

(1)은 단순히 힘이 누구에게 있는지 사실을 전달하는 글이 아니다. 이 문장이 만들어진 상황을 함께 생각한다면 다음과 같은 문장으로 바꿔 말할 수 있을 것이다.

(2) 저는 [국민 여러분이 투표해야 한다]고 주장합니다.

즉 상황에 따라 (1)과 같이 주장의 의도를 담은 간접적인 문장을 만들 수도 있고, (2)와 같이 직접적으로 주장을 드러내는 문법을 써서 자신의 의견을 명확하고 강하게 드러낼 수도 있다. 아래에서 주장에 필요한 문법들을 자세히 살펴보도록 한다.

## [1] –어야 하다

어떠한 행동이 반드시 필요하다고 이야기하고 싶을 때나 어떠한 상태가 요구된다고 말하고 싶을 때 사용하는 문법이다.

**(3)** 가. 학생은 공부를 <u>해야 한다</u>.

　　나. 도서관에서는 음식을 먹지 <u>말아야 한다</u>.

　　다. 국회의원은 정직<u>해야 한다</u>.

　　라. 이 꽃이 잘 자라기 위해서는 실내가 춥지 <u>않아야 한다</u>.

(3가)와 (3나)는 동사 뒤에 '–어야 하다'가 붙어 어떤 사실이 필요함을 주장하고 있다. 내 의도를 분명히 전달되는 것이다. (3가)는 학생이라면 공부를 해야 한다고 주장하고 있고, (3나)는 '–지 말아야 한다'로 반대의 행동을 해야 함을 주장하고 있다.

(3다)는 국회의원은 정직해야 할 의무가 있다고 주장하고 있다. (3라)는 춥지 않은 곳이 필요함을 이야기하고 있다. 주로 동사와 함께 쓰일 때 주장의 의미가 분명해지지만,

(3다, 라)처럼 일부 일부 형용사도 쓸 수 있다.

**(4)** 가. 아이에게 중요한 것은 시험 성적만이 아니다. 무엇보다 건강<u>해야 한다</u>.

　　나. 젊은이라면 가슴이 뜨거<u>워야 한다</u>.

(4)는 모두 형용사에 '-어야 하다'가 붙어 화자의 주장을 드러내고 있다.

## [2] -지 않으면 안 되다

우리는 종종 '없는 게 없다', '말하지 않을 수 없다'처럼 부정어를 두 번 사용하는 경우가 있다. 이것은 강한 긍정의 효과를 내기 위해서인데 이 문법도 마찬가지다. '-어야 하다'와 같이 '당위'의 뜻을 갖는다.

**(5)** 가. 시장이 발전하기 위해서는 어떤 기업이든 경쟁하지 <u>않으면 안 된다</u>.

　　나. 우리의 문화유산을 보호하지 <u>않으면 안 됩니다</u>.

(5가)는 경쟁해야 한다는 말을 '-지 않으면 안 되다'로 바꿔 말한 것이고, (5나)는 '보호해야 한다'를 바꿔 쓴 말이다.

## [3] -자, -(으)ㅂ시다

제1부에서 설명한 것처럼, 이 두 문법은 화자와 청자에게 함께 행동을 변화시키자고 요구할 때, 즉 청유문에 사용하는 종결어미다. 그리고 그 '요구'는 나아가 '주장'이 되기도 한다. '환경을 지킵시다'라는 말은 함께하자는 청유가 될 수도 있지만 '나는 [(우리가) 환경을 지켜야 한다]고 주장합니다'로 바꾸어 말할 수도 있다.

**(6)** 가. 에너지를 절약하자/ 절약합시다.

　　나. 길에서 담배를 피우지 말자/ 피우지 맙시다.

　　다. *기쁘자/기쁩시다.

(6가)는 '에너지를 절약해야 한다(합니다)'로 바꿔 쓸 수 있다. (6나)는 '담배를 피우지 말아야 한다(합니다)'로 바꾸어 쓸 수 있다. 그러나 (6다)에서 보는 바와 같이 형용사와 함께 쓰이지는 못한다.[22]

## 13.2. 출처

주장에는 근거가 필요하다. 이때 근거는 종종 '이유'로 이해되기도 한다. 보고서나 논문처럼 논리가 중요한 글에서, 근거는 주로 '출처'가 된다. 예를 들어 '고령화 현상'이라는 사회 문제가 있을 때, 이유는 '출산율 저하, 평균 수명 연장' 등이지만 고령화 현상의 근거는 '가족 보건 실태 조사' 결과나 '국민의료보험공단'의 발표이다.

예를 보도록 하자. 아래는 교복 착용을 반대하는 입장을 밝힌 글이다.

**(7)** 저는 교복을 반대합니다. 교복을 입으면 나는 다른 사람과 똑같은 사람이 돼요. 왜 내가 공장에서 만들어진 물건처럼 살아야 하나요?

(7)에는 주장과 이유가 모두 들어 있다. 주장은 '교복을 입는 것을 반대한다.'는 것이고 이유는 '다른 사람과 똑같은 사람이 되기 싫다.'는 것이다. 그 이유는 객관적인 사실이 아니라 화자의 생각이다.

---

22 '행복하다', '건강하다'와 같이 일부 형용사는 함께 사용되기도 하는데 그때는 '기원'의 의미가 된다.

이를 두고 '주장을 뒷받침하는 적절한 근거'라고 말하기 어렵다. 한편, 아래의 글은 다르다.

> **(8)** 저는 교복을 반대합니다. 대한민국 헌법 제37조에 따르면 국가 안전, 질서 유지, 공공복리의 문제를 제외하고 어떠한 것도 대한민국 국민의 자유권을 침해할 수 없습니다. 교복은 안전이나 공공 복리 등과 관련된 문제가 아닙니다. 그럼에도 불구하고 우리 학생들은 교복을 선택할 자유가 없습니다. 따라서 교복을 입지 않는 것은 우리의 자유권을 행사하는 것입니다.

(8)의 주장은 (7)과 같다. 같은 주장에 대해 (8)은 객관적 출처를 근거로 들어 타당성을 높이고 있다. 주상을 뒷받침하기 위해 주관적 이유를 말할 것인지 객관적 출처를 인용할 것인지는 화자의 선택에 달려 있다.

출처를 말할 때 사용하는 문법에 대해 알아보자.

## [1] 에 의하면

주장의 설득력을 높이기 위해서는 근거에 힘이 있어야 한다. 이 힘은 공신력, 타당성 등으로 바꿔 말할 수 있다. 이러한 힘을 얻기 위해서 화자는 권위 있고 신뢰할 만한 출처를 근거로 삼는다. 이때 '에 의하면'과 같은 문법으로 출처를 밝힌다.

> **(9)** 가. 이번에 출시할 가구 광고는 40대 여성을 대상으로 해야 합니다. PQ연구소의 2021 결산 보고서에 <u>의하면,</u> 4인 가족의 소비를 결정하는 것은 바로 엄마, 아내라고 합니다. 소비의 주체가 여성으로 바뀐 것입니다.
>
> 나. 경제 · 금융 신문인 MK 신문 최근 보도에 <u>의하면,</u> 최근 5년 사이 투자자들이 노

인 건강에 관심을 보이고 있다고 한다. 우리의 관심과 투자도 노인 건강과 복지로 변화시켜야 한다.

(9가)의 주장은 광고 대상을 40대 여성으로 해야 한다는 것이다. 그 근거의 출처는 'PQ연구소의 2021 결산 보고서'이다. (9나)의 주장은 우리의 관심과 투자를 노인에게 돌려야 한다는 것이다. 그 근거의 출처는 '경제·금융 신문인 MK 신문 최근 보도'이다.

## [2] 에 따르면

'에 따르면'은 '에 의하면'과 쓰임 면에서 비슷하다. 그러나 '에 의하면'의 '의하다'가 '기초하다, 근거하다'의 뜻을 가지고 있다. '에 따르면'의 '따르다'는 '기준으로 삼다'의 뜻을 가지고 있다. 즉 미묘한 의미 차이가 있어 간혹 완전히 바꿔 쓸 수 없는 경우가 있다.

'에 의하면'에 뒤이어 오는 말들은 출처로부터 말미암은 것들로 출처를 통해 해석할 수 있거나 발견할 수 있는 사실이다. 반면 '-에 따르면'의 경우 뒤 문장에는 앞 문장의 출처를 기준으로 삼은 의견들이 주를 이룬다.

**(10)** 가. 고계진 연구소장의 발표에 의하면 2022년 현재는 매스미디어를 통해 정보를 제공 받기만 하던 소비자들이 정보를 재생산하고 공급하는 1인 미디어 시대다.

　　　 나. 김민숙(2011)에 따르면 1인 미디어의 활성화는 현명한 소비자 양성이라는 큰 장점을 가지고 있다.

(10가)에서는 '고계진 연구소장의 발표'에 기초한 사실들이 뒤를 잇고 있다. 반면 (10나)에서는 '김민숙(2011)' 연구에 따른 화자의 생각이 뒤를 잇고 있다.

출처가 객관적이지 않다면 토론식 대화에서 그 출처를 근거로 삼는 것은 불편한 일이다. 따라서 이때에는 '에 의하면'을 쓰지 말고 '에 따르면'을 쓰는 것이 좋다.

**(11)** 가. 저희 고모 말씀에 <u>따르면</u> 고구마와 감을 같이 먹지 않는 것이 좋다고 합니다.

　　　나. ???저희 고모 말씀에 <u>의하면</u> 고구마와 감을 같이 먹지 않는 것이 좋다고 합니다.

(11가)는 자연스러운 반면, (11나)는 자연스러운 문장이 되지 못한다. 고모의 말을 객관적 근거로 삼을 수 없기 때문에 그에 기초한 주장이 타당성을 얻지 못하는 것이다.

**'에 의하면'과 '에 따르면'의 차이**

|  | 앞문장 | 뒷문장 |
|---|---|---|
| **에 의하면** | 출처: 객관성 및 타당성이 보장된 것 | 출처를 기초 근거로 할 수 있는 이야기; 분석 결과, 발견한 사실, 주장, 의견 등 |
| **에 따르면** | 출처: 객관적인 것일수록 좋으나 때로 그렇지 않을 수도 있다. | 출처를 기준으로 하여 할 수 있는 이야기; 주로 화자의 의견, 분석 결과, 주장 등 |

## [3] 그 근거로 ~ 을/를 들 수 있다

**(12)** 가. 최근에는 집중을 못하는 증상이 신경계 질환이라는 주장이 제기되고 있다. <u>그 근거로</u> 집중을 못하는 환자들 15%가 신경마비를 경험한다는 점을 <u>들 수 있다.</u>

　　　나. 현재 우리의 경제는 디플레이션에서 벗어나고 있다. <u>그 근거로</u> 전국 소비자 물가지수(CPI)의 움직임을 <u>들 수 있다.</u>

가장 전형적인 근거 제시 구문이다. 먼저 어떤 사실을 말하고 이어서 그 근거를 들 때 이 문장 구성을 사용하면 좋다. (12가)에서의 근거는 '집중을 못하는 환자들 ~경험한다는 점'까지이다. (12나)의 근거는 '전국 소비사 물가지수의 움직임'이다. 이러한 전형적인 문장을 알고 있으면 설득할 때 자신의 의도를 잘 전달할 수 있다.

## 13.3. 일반화

주장을 뒷받침하는 근거는 누가 들어도 타당한 것이어야 한다. 즉, 바로 일반적으로 받아들일 수 있어야 한다는 것이다. 따라서 우리는 주장을 할 때, 종종 '일반화 전략'을 써서 주장에 힘을 싣는다. 이 절에서는 일반화를 위한 방법들을 살펴볼 것이다.

### [1] 현재 시제 표지 '-ㄴ/는', '-ㄴ/는-', ∅

화자는 주장을 할 때 그 근거로 종종 진실, 진리 같은 것을 들곤 한다. 자신이 말하고자 하는 바가 시간을 초월하여 정답이라는 사실을 이야기함으로써 주장이 옳다고 말하고 싶은 것이다. 이때 화자는 현재시제 표지를 사용하여 이야기한다. 문장의 내용은 특정 시간에 구속되지 않으므로 언제나 유효하다.

**(13)** 가. 대학 등록금을 반값으로 낮춰야 합니다. 인간은 누구나 배울 권리가 있습니다. 지금 등록금은 너무 비싸서 학생들이 입학조차 어려워 합니다.

나. 바르고 고운 말을 써야 합니다. 말 한마디로 천 냥 빚을 갚는다고 했습니다. 말처럼 중요한 것이 어디 있겠습니까?

(13가)에서 주장은 '등록금을 낮추는 것'이다. 이에 대한 근거로 '인간은 누구나 배울 권리가 있습니다.'를 들고 있다. 이때 시제는 현재시제이다. 이 내용에는 '항시성'이 있어, 항상 그렇다고 생각하게 만들기 때문이다.

(13나)의 주장은 '바르고 고운 말을 써야 한다.'이다. 이에 대한 근거로 '말 한마디로 천 냥 빚을 갚는다.'는 속담을 들고 있다. 이 또한 현재시제가 쓰여, 시대를 막론하고 진리임을 전달하고 있다.

이렇게 현재시제는 일반화 전략에 자주 사용된다.

## [2] -기 마련이다

이 문법은 '-기' 앞의 내용이 당연히 그럴 것임을 나타내는 표현이다.

**(14)** 가. 겨울이 아무리 추워도 봄은 오기 마련이다.

나. 아이들은 어른들을 따라하기 마련이다.

(14가)는 겨울이라는 시련이 아무리 깊어도 결국 봄, 즉 희망이 찾아온다는 뜻을 가지고 있다. 그게 자연의 순리라는 의미다. 그래서 '힘든 시기를 잘 참아야 한다.' 라든지 '포기하지 말자.'라든지 하는 문장 뒤에 쓰면 화자의 생각을 뒷받침해줄 수 있다.

(14나)는 어른들이 행동을 조심히 해야 한다는 뜻이다. '행동을 조심히 해야 한다.'라는 문장 뒤에 이 문장을 쓰면 일반적으로 아이들이 어른들을 따라하니, 조심해야 함이 옳다는 논리를 성립시킬 수 있다.

## [3] -(으)ㄴ/는 법이다

이 문법 역시 '-기 마련이다'처럼 당연히 그러하다는 뜻을 담고 있다.

**(15)** 가. 밤이 깊어지면 새벽이 가까워지는 법이다.

나. 죄를 지으면 누구나 벌을 받는 법이다.

(15가)의 경우 앞서 본 '-기 마련이다'와 바꿔 쓸 수 있다. 반면 (15나)는 그렇지 않다. 누구나 벌을 받는 일이 자연의 순리는 아니기 때문이다.

**(16)** 가. 여자는 말을 많이 하면 안 되는 <u>법이야</u>.

　　나. 어린애들은 어른들 말에 끼어들면 안 되는 <u>법이다</u>.

(16)의 문장은 문법만을 놓고 보았을 때 자연스러운 문장이다. 그러나 내용면에서 볼 때 그것은 누구의 '법'인지 한심하다고 느낄 수도 있다. 이와 같이 '-기 마련이다'는 자연의 순리를 나타낼 때 쓰는 표현이고 '-(으)ㄴ/는 법이다'는 사람들 사이의 규칙 같은 것이 있다고 이야기할 때 쓰는 표현이다. 이 표현도 다음과 같이 주장을 뒷받침하기 위해 쓰이면 좋다.

**(17)** 가. 아는 게 많으면 보이는 것도 많은 <u>법입니다</u>. 평소에 공부를 계속 해둬야 합니다.

　　나. 뜻이 있는 곳에 길이 있는 <u>법입니다</u>. 포기하지 말고 자신의 뜻을 밀고 나가세요.

(17가)는 '평소 공부를 열심히 해야 한다.'는 주장의 뒷받침을 해주기 위해 '아는 게 많으면 보이는 것도 많은 법이다.'라는 격언을 썼다. (18나)는 '포기하지 말고 자신의 뜻을 밀고 나가라.'는 말을 하기 위해 '뜻이 있는 곳에 길이 있는 법이다'라는 격언을 썼다.

## 13.4. 경험

'경험'이란 사람이 실제로 해보는 것, 또는 실제로 해보고 알게 되는 것이다. 객관적인 것들을 주관적인 감각이나 지혜로 깨닫게 되는 것이라고도 할 수 있다. 우리는 친구에게 수다를 떨면서 자신의 경험을 그저 늘어놓을 때도 있고, 좋은 방법이 있다고 말해주기 위해서 자신의 경험을 이야기할 때도 있다. 아래는 경험을 나타낼 때 쓰는 표현들이다.

## [1] -어 보다

보조 용언 구성의 '-어 보다'는 경험을 이야기할 때 쓰는 대표적인 문법이다.


**(18)** 가. 저는 고향에서 한국어를 딱 한 번 <u>가르쳐 봤습니다</u>.

　　나. 신발을 살 때는 꼭 <u>신어 봐야</u> 한다.

　　다. 어렸을 때 햄스터를 <u>키워 본</u> 적이 있어요.


(18가)는 '가르쳤습니다'라고 쓰는 것과 비교했을 때 '그런 경험이 있다'라는 의미가 더해진다. (18나)의 '-어 보다'는 '시험 삼아'의 의미가 두드러진다. 이 문법은 (18다)처럼 같은 경험의 의미 기능을 가진 '-(으)ㄴ 적이 있다'와 함께 쓰이는 경우가 많다.

## [2] -(으)ㄴ 적이 있다/없다

과거에 어떠한 경험이 있었음을 말하고 싶을 때 쓴다. 경험이 없을 때는 '있다' 자리에 '없다'를 쓰면 된다.


**(19)** 가. 전에 광장 시장에서 낙지를 <u>먹은 적이 있어요</u>.

　　나. 헤어진 여자 친구한테 <u>전화해본 적이 있습니다</u>.

　　다. 저는 그 사람 얼굴을 <u>본 적도 없어요</u>.

　　라. 농구를 <u>잘했던 적이 있다</u>.

(19가)는 자신의 경험을 이야기하는 전형적인 문장이다. (19나)는 '-어 보다'가 함께 쓰인 구성이다. (19다)는 경험이 없음을 이야기하는 문장이다. (19라)는 '-었던 적이 있다'라는 구성으로 현재는 그렇지 않다는 정보를 포함하고 있다. 한편 다음 문장들을 보자.


**(20)** 가. ???나도 인기가 많은 적이 있다.

나. 나도 인기가 <u>많았던</u> 적이 있다.

다. ?내 허리가 아빠 허리보다 두꺼운 적이 있다.

라. 내 허리가 아빠 허리보다 <u>두꺼웠던</u> 적이 있다.

(20가)와 (20다)는 틀린 문장이라 할 수는 없으나 자연스럽지 않다. 이 문법은 경험을 묻는 것이기 때문에 동사와 함께 쓰는 것이 좋다. 그러나 과거에 그런 상태가 있었다는 뜻으로 형용사를 써야 할 필요가 있을 때는 (20나)와 (20라)처럼 '−었던 적이 있다'을 쓰도록 한다.

## [3] −었더니

'−었더니'는 과거에 있었던 일 및 그 결과를 이야기할 때 쓰인다. 이때 주어는 1인칭만 가능하다. 문장은 [내가 한 일 + −었더니][그 결과]의 구조로 이루어진다. 이때 주어는 생략되는 경우가 많다.

**(21)** 가. 화장품을 <u>샀더니</u> 장갑을 주더라고요.

나. 점심을 안 <u>먹었더니</u> 온몸에 힘이 없다.

(21가)의 '나'는 화장품을 샀다. 그 결과 장갑을 받았다. (21나)의 '나'는 점심을 안 먹었다. 그 결과 온몸에 힘이 없다.

한편 [이동 동사 + −었더니][새로운 정보/알게 된 내용]의 문장 구조를 이룰 때도 있다. 후행절이 결과가 아니라 새로운 정보나 새롭게 알게 된 내용으로 이루어지는데, 이는 '−었더니'가 '−었−'에 '−(으)니'가 더해진 문법이기 때문이다. '−(으)니'는 이유를 말할 때도 쓰지만, 새로운 사실을 알게 되었을 때도 쓰인다. 결과적으로 '−었더니'도 그러하다.

**(22)**가. 아파서 병원에 <u>갔더니</u> 위염이라네요.

　나. 야구하러 학교에 <u>왔더니</u> 아저씨들이 운동장에서 축구를 하고 있었다.

(22가)에서 '나'는 병원에 갔다. 그리고 위염이라는 사실을 알게 되었다. (22나)에서 '나'는 학교에 왔다. 그리고 아저씨들이 축구하는 모습을 보았다. 이때 '-었더니'는 '-(으)니' 또는 '-(으)니까'와 바꿔 쓸 수 있다.

'-었더니'는 1인칭의 문장을 이끄는 경우가 많지만, 경우에 따라 3인칭을 주어로 할 수 있다. 그때는 보통 다음 두 가지 경우에 해당된다. 하나는 다른 사람이 한 일이지만 내 경험의 영역에 있을 때, 다른 하나는 '인용'할 때이다.

**(23)**가. 지영이가 돈을 <u>줬더니</u> 아저씨가 나가더라고요/나갔어요.

　나. 지영이가 돈을 <u>줬더니</u> 아저씨가 나갔대요.

(23가)가 가능한 것은 그 자리에 내가 있어서 보고 있었기 때문이다. 그리하여 그 행동은 나의 경험 안에 포함된다. 소설에서 3인칭 주어의 '-었더니' 문장이 자연스럽게 쓰이는 것도 같은 이유이다. 소설 안에 주인공이 있고 주인공이 한 경험을, 소설가는 자기 경험인 것처럼 말할 수 있다.

(23나)는 아주 자연스러운 문장이다. 지영이가 "(내가) 돈을 줬더니 아저씨가 나갔어."라고 말했다는 문장이기 때문이다.

이렇게 예외는 있지만, 우리는 경험을 이야기할 때 쓰는 문법을 공부하고 있으므로 1인칭 주어 문장에 초점을 두도록 하자.

## [4] -고 보니, -다 보니

'-고 보니'는 순서를 나타내는 연결어미 '-고'에 동사 '보다'와 '-(으)니'가 연결된 말이다. [행동 + -고 보- + -(으)니]의 구조이다. 따라서 어떤 행동을 먼저 했고 그 다음에 생각해 보니(확인하니) 그 결과가 어떠하다는 문장을 만든다.

(24)가. 아침에 눈을 뜨고 보니 9시였다. 지각했다.

　　나. 이사를 하고 보니 옆집이 선생님 댁이었다.

(24가)는 아침에 눈을 떴고, 그 결과 9시였음을 알게 되었다는 문장이다. (24나)는 이사를 했고, 그 뒤에 옆집이 선생님 댁이었음을 알게 되었다는 의미다.

아래는 한 단어처럼 자주 쓰이는 '-고 보니' 구문이니 기억해 두도록 한다.

(25)가. 알고 보니 : 알고 보니 그 사람은 김만희 장군의 후손이었다.

　　나. 듣고 보니 : 듣고 보니 너의 말에도 일리가 있다.

'-다 보니'는 [행동 + -다 보- + -(으)니]의 구조이다. 이때의 '-다'는 '-다가'의 줄임말이다. 즉 앞의 '-고 보니'는 선행절의 행동이 끝난 후인 반면, '-다 보니'는 앞에 오는 행동이 진행되거나 반복이 된다.

(26)가. 그 사람을 여러 번 만나다 보니 좋은 감정이 생겨났다.

　　가'. 그 사람을 만나고 보니 괜히 걱정했다는 생각이 들었다.

　　나. 술을 많이 마시다 보니 코가 빨개졌다.

　　나'. ???술을 많이 마시고 보니 코가 빨개졌다.

(26가)는 만나는 일은 여러번 반복하는 와중에 좋은 감정이 생겨났다는 뜻이다. 반면 (26가')은 만난 일이 끝났고, 그 결과 괜히 걱정했다는 생각이 들었다는 것이다. (26나)는 술 마시는 일을 반복하다 보니 코가 빨개졌다는 뜻이다. 그런데 (26나')와 같은 문장은 자연스럽지 못하다. 술을 마시고 거울을 보니 코가 빨개진 것일까? 틀린 문장이라 할 수는 없지만 일반적으로 받아들이기는 어려운 내용이다.

## 13.5. 전환

설득을 위해 이야기를 하다 보면 이야기의 화제를 다른 방향으로 바꿔야 할 때가 있다. 이를 '전환'이라고 한다. 아래는 전환을 위한 표현들이다.

### [1] 한편

'한편'은 어떤 이야기를 하던 중 다른 측면에 대해서 이야기할 때 사용하는 부사이다.

**(27)** 우리는 플라스틱 사용을 멈춰야 합니다. 이를 위해 많은 사람들이 일회용 그릇을 사용하지 말자는 캠페인을 벌입니다. 매우 바람직한 일입니다. <u>한편</u>, 플라스틱을 대체할 수 있는 새로운 대체 자원이 개발 중이라고 합니다.

(27)과 같이 '한편'은 어떤 이야기를 전개하다가 다른 이야기로 화제를 전환할 때 유용하게 쓰이는 표현이다.

### [2] -다가

어떤 행동이 지속되던 중, 그 행동이 중단되거나 다른 행동으로 바뀜을 표현할 때 사용하는 문법이다. '-다가' 대신 '-다'를 쓰기도 한다.


**(28)** 가. 토론회가 진행되<u>다가</u> 갑자기 중단되었습니다.

　　　나. 그 사람은 자신의 이야기를 하<u>다가</u> 눈물을 흘렸습니다.


(28가)는 행동이 중단된 상황이고, (28나)는 다른 행동으로 전환된 상황이다. 넓게 보면 중단 또한 전환에 포함된다.

이 문법은 선행절과 후행절의 주어가 같아야 한다. 또한 행동에 관한 것이므로 형용사와 함께 쓰지 않는다.


**(29)** 가. 소현이는 길을 걷<u>다가</u> 돈을 주웠습니다.

　　　나. *소현이는 길을 걷<u>다가</u> 경태가 돈을 주웠습니다.

　　　다. *언니는 예쁘<u>다가</u> 안 예쁘다.


(29가)의 선행절과 후행절 주어는 모두 '소현'이다. 주어가 다른 (29나)는 비문이다. (29다)도 비문이 된다. 형용사와 쓰였기 때문이다.

이 문법은 '-었-'이 붙은 '-었다가'의 형태로 쓰이기도 한다.


**(30)** 가. 학교에 갔<u>다가</u> 바로 집으로 왔다.

　　　나. 학교에 가<u>다가</u> 집으로 와 버렸다.


(30가)는 학교에 도착을 했고, 그 뒤에 집으로 온 상황이고 (30나)는 가는 도중에 집으로 온 상황이다.

## ✎ 쓰고 발표하기

13강에서 배운 문법을 사용하여 주장하는 글을 써봅시다.
주장하는 글은 서론, 본론, 결론으로 구성됩니다. 각각에는 다음과 같은
내용이 들어갑니다.

※ 감상문의 구성

| 구 분 | 내 용 |
|---|---|
| 서론 | 문제 제기 |
| | 주장 |
| 본론 | 근거1. |
| | 근거2. |
| | 근거3. |
| 결론 | 요약 및 정리 |

이제 실제 주장하는 글을 써봅시다. 쓰고 발표해 봅시다.

※ 제목 : _____

| | |
|---|---|
| **주장** | 문제 제기 |
| | 주장 |
| **본문** | 근거1 |
| | 근거2 |
| | 근거3 |
| **맺음말** | 요약 정리 |

# 14강
# 제안하는 글에 주로 쓰이는 문법

😊 생각하기

1. '제안'이 무엇입니까? '제안서'는 무엇입니까? 각각의 개념을 찾아봅시다.

2. 제안하는 글의 종류에는 어떤 것들이 있는지 조사해 봅시다.

3. 제안을 잘하려면 어떤 능력이 필요합니까? 기술 및 표현에 대해 생각해 봅시다.

# 1. 제안이란 무엇인가?

'제안'이란 어떤 일을 더 좋게 해결하기 위해 나의 의견을 내놓는 일이다. 일상생활에서는 가벼운 제안을 할 수 있다. 여행을 제안한다거나 한국어 스터디를 제안할 수도 있다. 사회에서는 상품을 어떻게 만들면 좋은지 제안하기도 하고, 새로운 회사를 만들면 좋겠다고 자본이 많은 회사에 제안하기도 한다.

제안하기는 앞서 배운 말하기를 종합하는 활동이다. 제안을 위해서는 먼저 현황을 분석해야 한다. 분석할 때는 논리를 바탕으로 객관적인 사실을 이끌어 낸다. 이때 필요한 것은 설명하기이다. 비교하고, 대조하고, 묘사하는 등 여러 가지 방법으로 현재의 상황을 분석한다.

다음에는 현황 분석을 바탕으로 자신의 주장을 해야 한다. 제안하고자 하는 내용의 주제가 되는 부분이다. 무언가를 새롭게 만들자거나 혹은 다른 방향으로 바꾸자고 제안을 한다. 이때 필요한 것은 설득하기이다. 타당성을 바탕으로 자신이 말하고자 하는 바를 적극적으로 주장한다.

다음은 그 제안을 어떻게 구체적으로 실행시킬지 계획을 이야기해야 한다. 이때 필요한 것은 다시 설명하기와, 감정과 생각 표현하기이다. 마지막으로 어떤 효과가 있을지로 마무리하는데, 이때는 설득하기와 감정과 생각 표현하기가 필요하다.

제안서는 각각의 목적에 따라 제휴 제안서, 개발 제안서, 홍보 제안서, 영업 제안서, 투자 제안서 등으로 분류된다.

이 강에는 설명하기, 감정, 생각 표현하기, 설득하기에서 다룬 문법 외에 제안하기에 특별히 필요한 표현을 살펴보도록 한다.

## 14.1. 목적

'목적'은 글쓴이가 결국 이루고자 하는 것이다. '의도'와도 비슷한데, 의도는 '본뜻'과 바꿔 쓸 수 있는 말인 반면, 목적은 성공을 위한 방향의 의미까지 담는다. 제안서는 물론이고, 논문이나 보고서의 앞부분에서 목적을 분명하게 드러내야 한다. 이때 쓰는 문법들은 다음과 같다.

## [1] -(으)려고

어떠한 목적이나 의도를 가지고 있을 때 쓰는 문법이다. 선행절에는 목적으로 하는 행동이 나타나야 하고 후행절에는 그 목적을 위한 행동이 따라 나와야 한다. 따라서 동사가 쓰여야 한다.

**(1)** 가. 이 신문 기사를 교수님께 보여드리려고 가져왔습니다.

나. 인선이는 자신의 회사를 소개하려고 자료를 준비했다.

(1가)에서의 목적은 화자가 교수님께 신문 기사를 보여드리는 것이다. 그것을 위해 신문 기사를 가지고 온 것이다. (1나)는 3인칭 주어를 사용한 문장이다. 인선이의 목적은 '자신의 회사를 소개하는 것'이고 이를 위해 자료를 준비했다는 의미다.

이 문법은 앞에 시제 선어말 어미를 쓸 수 없다. 시간의 표현은 후행절에만 쓸 수 있다.

**(2)** 가. *떡볶이를 만들<u>었</u>으려고 재료를 샀다.

나. *여행을 하<u>겠</u>으려고 비행기표를 예약할 것이다.

각각 '만들려고'와 '여행을 하려고'로 바꿔야 한다.

## [2] ‒(으)러 가다/오다/다니다

어떠한 목적을 가지고 이동한다는 뜻의 문법이다. '‒(으)러' 뒤에는 이동을 나타내는 동사가 바로 오기도 하고, 다른 말이 삽입된 후 그에 이어서 나타나기도 한다.

**(3)** 가. 저는 한국어를 공부<u>하</u>러 이곳에 왔습니다.

나. 유진이는 요즘 기타를 <u>배우러</u> 다니고 있습니다.

(3가)에서 화자의 목적은 한국어를 공부하는 것이다. 그 목적을 위해 이곳에 왔다는 의미를 가지고 있다. (3나)에서 유진이의 목적은 기타를 배우는 것이다.

이 문법 또한 앞에 시제 선어말 어미를 쓸 수 없다.

**(4)** 가. *바다를 보<u>았</u>으러 제주도에 갔다.

나. *한국어를 배우<u>겠</u>으러 한국에 올 것이다.

각각 '보러', '배우러'로 바꿔야 한다.

## [3] -고자

'-(으)려고'와 같은 뜻의 문법이다. 그러나 주로 문어에 나타난다는 차이가 있다. 구어에서 나타날 때는 매우 격식 있는 말하기에서뿐이다. 논문의 서론, 보고서의 도입에서 글을 쓰는 목적을 나타내기 위한 표현으로 자주 사용된다.

**(5)** 가. 홈페이지 제작 계획에 대해 몇 말씀 드리고자 합니다.

　　나. 본 연구는 금연이 비만에 어떤 영향을 미치는지를 검토하고자 시도한 논문이다.

(5가)에서 화자의 목적은 홈페이지 제작 계획에 관한 이야기를 하는 것이다. (5나)는 영향을 검토하는 것이 목적이다.

앞의 문법들과 마찬가지로 시제 선어말 어미와 함께 쓰지 못한다.

## [4] -도록 하다

'-도록'[23]은 '하다'와 함께 묶여 목적을 나타낼 때 사용된다.

**(6)** 가. 다음 절에서는 한국어 조사의 특성에 대해 살펴보도록 한다.

　　나. 지금부터 언어의 기능에 대해 논의해보도록 하겠습니다.

---

23 '-도록'은 본래 '-게'와 유사한 성격을 지닌 문법이다.

(6가) 문장에서 화자의 목적은 '조사의 특성에 대해 살펴보는 것'이다. (6나)에서 화자의 목적은 '언어의 기능에 대해 논의해보는 것'이다. 이때 '-도록 하다'는 '-을 것이다'와 바꿔 쓸 수 있다.

'-도록 하다' 역시 앞에 시제 선어말 어미가 올 수 없다. 또한 주어가 1인칭이 아니라 2인칭이나 3인칭이 되면 명령문의 기능을 한다.

**(7)** 가. 오늘은 여행 계획에 대해 이야기하<u>도록 한다</u>.

나. 너는 오늘 일찍 들어가<u>도록 한다</u>.

다. 유리는 한국어의 특징에 대해 발표해보<u>도록 한다</u>.

(7가)는 1인칭 문장으로 여행 계획에 대해 이야기하는 것이 목적이다. (7나)와 (7다)는 각각 2인칭, 3인칭 문장이다. 이들 문장은 '-도록 하다'가 쓰였음에도 각각 '일찍 들어가라', '발표해봐라'의 의미를 갖는다.

---

### 자주 사용되는 문장 형식

• **[본 연구의 목적은 -는 데(에) 있다]**
  예 본 연구의 목적은 한국인들의 문화지체 현상을 자세히 분석하는 데 있다.

• **[다음 절에서는 ~에 대해 살펴보도록 한다] ]**
  예 다음 절에서는 문화 지체의 원인에 대해 살펴보도록 한다.

---

⌾ 한국어를 배우는 목적에 대해 써봅시다.

⌾ 보고서를 쓰는 상황을 가정해 봅시다. 주제 및 목적은 '한국인의 음식 문화'입니다. 특히 첫문장은 목적이 잘 드러나도록 써봅시다.

## 14.2. 권유

권유는 자신이 좋다고 생각하는 것을 다른 사람에게 추천하는 일이다. 권유하는 표현에는 다음과 같은 것들이 있다.

### [1] -(으)ㄴ/는 것이 어떻겠습니까?

구어에서는 '-(으)ㄴ/는 게 어때요/어때/어떨까요?' 등으로, 문어에서는 '-(으)ㄴ/는 것이 어떤가/어떨까?' 등의 형태로 쓰인다. 청유문의 종결부에 나타나고, 부드러운 명령문을 만들기도 한다.

(8) 가. 사회적 편견, 나부터 변화시켜 보는 <u>것이 어떻겠습니까?</u>

나. 우리 사무실을 즐거운 분위기로 바꾸어보는 <u>것이 어때요?</u>

다. 영식아, 독서 모임에 가입해 보는 <u>게 어떨까?</u>

(8가)는 편견을 갖지 말자는 의미이고, (8나)는 사무실을 즐겁게 바꾸자는 의미다. (8다)는 독서 모임을 권유하는 문장이다.

### [2] 괜찮겠습니까?

의향을 물어보는 의문문이다. 그러나 결국 상대의 생각을 물어 행동까지 바꾸길 기대할 때 쓰는 표현이다.

(9) 가. 담배 광고, 이대로 <u>괜찮겠습니까?</u>

나. 음주 운전 습관, 당신의 아이들이 배워도 <u>괜찮겠습니까?</u>

(9가)는 담배 광고에 문제가 있으니 이대로 두지 말자는 뜻이다. (9나)는 당신의 아이들이 음주 운전을 배우면 안 된다, 그러니 하지 말라는 의미가 담겨있다. 즉, 괜찮지 않다는 숨은 의미를 이끌어 냄으로써 새로운 행동을 권유하게 된다.

## 14.3. 예측

제안은 미래와 관련된 것이므로, 예측은 필수이다. 제안서에서는 '확신'을 주기 위해 미래의 일인데도 마치 현재의 일인 것처럼 단정적으로 말할 때가 있다. 반면 구어에서는 지금 예상하는 것이 미래의 일임을 밝히며 아래와 같은 표현을 쓴다.

## [1] –(으)ㄹ 거면

'–(으)ㄹ 것이다. 그러면 ~'을 줄인 형태이다. 예측이기 때문에 자기 자신한테는 잘 쓰지 않고 상대방의 상황이나 외부 상황을 예측하며 사용한다.

**(10)** 가. 광고 내용을 바꿀 거면 광고 문구까지 모두 바꾸어야 한다.

　　　나. 투자를 할 거면 그 회사의 구조를 제대로 알아봐라.

(10가)는 광고 내용을 바꿀 계획을 가지고 있다면, 문구를 모두 바꾸어야 한다는 의미를 가지고 있다. (10나)는 투자를 할 것이다. 그러면 그 회사의 구조를 알아보라는 의미이다. 이와 같이 후행절에는 주로 '–어야 하다'나 청유문, 명령문을 만드는 종결어미들이 붙는다.

## [2] -(으)ㄹ 테니(까)

'-(으)ㄹ 터이다. 그러니(까) ~'를 줄인 말이다. '-(으)ㄹ 것이다. 그러니(까) ~'를 줄인 '-(으)ㄹ 거니까'와 의미가 비슷하다. 그러나 '-(으)ㄹ 것이다'의 '것'은 추상적인 반면, '터' 는 '예정, 추측, 의지'라는 구체적인 뜻을 가지고 있다. 즉, '터'를 쓰는 것이 상대적으로 명확한 예측의 뜻을 가지고 있다고 할 수 있다. 따라서 자신이 말하는 것이 비록 미래의 일이지만 명확한 예측이라고 말하고 싶으면 이 문법을 쓰는 것이 좋다.

(11) 가. 제품의 가격을 올려도 살 사람은 <u>살 테니</u> 걱정하지 마십시오.

나. 많은 사람들이 곧 이 사업에 관심을 가지고 문의를 <u>해올 테니</u> 우리는 기다리기만 하면 됩니다.

(11가)는 '제품의 가격을 올려도 제품을 살 사람은 살 것임 분명하다, 그러니까 걱정하지 말라.'는 의미이다. (11나)는 '사람들이 문의를 해 올 것이 분명하다. 그러니까 기다리자.'라는 뜻이다.

말할 내용이 예정이나 추측이 아닌 단순히 미래의 일인 경우에는 '-(으)ㄹ 거니까'와 바꾸어 쓸 수 있다.

(12) 가. 이 제안의 문제점을 <u>말씀드릴 테니</u> 잘 들어보십시오.

가'. 이 제안의 문제점을 <u>말씀드릴 거니까</u> 잘 들어보십시오.

나. 내일 교수님이 <u>나오실 테니까</u> 그때 다시 이야기하자.

나'. 내일 교수님이 <u>나오실 거니까</u> 그때 다시 이야기하자.

(12)가와 (12가')을 비교했을 때, (12가')가 더 자연스럽게 느껴지는 것은 '-(으)ㄹ 테

니'가 문어적이기 때문이다.

(12가)와 (12나')에서 볼 수 있듯이 '거니'로는 쓸 수 없고 반드시 '까'를 붙여야 자연스러운 문장이 된다. 이 또한 '–을 테니'가 더 문어적이고, '–을 거니까'가 구어적임을 보인다.

미래의 일에 대한 자신의 분명한 의지를 근거로 들 때도 이 문법이 쓰인다.

**(13)** 가. 저희 회사에서 광고를 맡을 테니 귀사에서 프로모션을 진행해주십시오.

　　나. 내가 부장님께 얘기를 잘해놓을 테니 김 대리가 제안서를 작성해주게.

(13가)에서 화자는 광고를 맡겠다는 분명한 의지를 보이고 있다. 그러면서 상대에게 제안을 하는 것이다. (13나)는 얘기를 잘해놓겠다는 의지를 보이면서 상대에게 일을 부탁하고 있다.

## [3] –(으)ㄹ 텐데

'–(으)ㄹ 터이다. 그런데'를 줄인 말이다. '–(으)ㄹ 것이다. 그런데'를 줄인 '–(으)ㄹ 건데'와 바꿔 쓸 수 있지만, 역시 확실성의 차이가 있다. '–(으)ㄹ 텐데'에는 자신의 예측에 대한 확신이 담겨있다.

**(14)** 가. 지하철을 타면 빠를 텐데 동생이 택시를 타겠다고 고집을 피운다.

　　나. 우리 딸들이 있으면 도움이 될 텐데.

(14가)의 선행절에는 지하철을 타면 택시보다 더 빠를 것이라는 화자의 확신이 담겨있다. 그런데 동생은 택시를 타겠다고 한다. 선행절과 상반되는 내용이 후행절에 담겨 있다.

(14나)는 '-(으)ㄹ 텐데'의 후행절이 생략된 문장이다. 선행절의 내용은 딸들이 있으면 도움이 되었을 것이라는 화자의 확신을 담고 있다. 후행절은 생략되었지만 '우리 딸들이 없어서 아쉽다' 등의 상반되는 내용을 추측해 볼 수 있다.

이 문법에 주의해야 할 사항은 '-(으)ㄹ 텐데' 안에 있는 '-(으)ㄴ데'가 반대 상황뿐만 아니라, 주제의 배경을 설명할 때도 쓰인다는 점이다. 즉, '-(으)ㄹ 텐데' 뒤에 오는 내용은 선행절의 반대 상황일 수도 있고, 선행절을 배경으로 삼은 주제 내용일 수도 있다.

**(15)** 가. 회의에 늦으면 부장님이 화를 내실 텐데 택시를 타는 게 어떨까요?

나. 회의에 늦으면 부장님이 화를 내실 테니까 택시를 타는 게 어떨까요?

(15가)는 택시를 타자는 제안을 하기 위해 선행절에서 배경 설명을 하고 있는 문장이다. 선행절 없이 후행절만 이야기해도 제안의 문장이 될 수 있지만, 선행절로 택시를 타야 하는 배경을 설명해줌으로써 타당성을 더해주고 있다. 이처럼 배경을 설명할 때는 (15나)와 같이 '테니까'로 바꿔 쓸 수 있다. 그러나 (15가)의 선행절은 배경 설명이고 (15나)의 선행절은 이유임은 알고 있어야 할 것이다.

# 추측, 추론, 예측, 예정, 계획?
# 단어들이 헷갈려요~

비슷하지만 조금씩 다른 단어들, 그 차이를 알아보도록 하자. 이들은 우선 다음과 같이 나눌 수 있다.

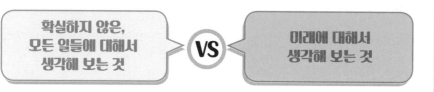

확실하지 않은, 모든 일들에 대해서 생각해 보는 것 **VS** 미래에 대해서 생각해 보는 것

> [가] 어제 남자친구가 전화를 안 받았다. 왜 안 받았을까? 클럽에 갔을까? 술을 마셨을까? 일찍 잤을까?

알 수 없는 일에 대해서 생각해보는 것을 '추측'이라고 한다. 추측의 경우 미래는 물론 과거의 일에 대해서도 행할 수 있다. [가]는 과거의 상황을 추측하고 있는 내용이다. [나]는 아직 일어나지 않은 미래에 대해 생각해 보고 있다.

> [나] 일본어는 한국어와 어순이나 조사 사용 등이 비슷하다. 많은 일본 사람들이 한국어를 빨리 배우고 유창하게 말한다. 다니엘은 고향에서 일본어를 배웠다고 한다. 따라서 다니엘은 이제 막 한국어를 배우기 시작했지만 다른 사람들보다 더 빨리 능숙해질 것이다.

나]의 결론이 되는 문장은 미래의 일이며 확실하지 않은 일이다. 그러나 결론에 이르는 과정이 논리적이라는 면에서 [가]와 차이가 있다. [나]를 [가]와 구분하여 추론'이라 한다.

한편 확실하지 않은 미래에 대해서 '추측'하는 것을 '예측'이라고 한다. 이를 정리하자면 확실하지 않은 모든 일에 대해 생각해 보는 것을 추측이라 하고, 특별히 미래에 대해서만 추측하는 것을 예측이라 한다.

'예정'은 '미리 정해진 일정'이다. '계획'에 비해 상태성(state)이 드러난다. '계획'은 '예정'에 비해 의지를 갖고 일정을 세운다는 뜻이므로 동작성(activity)이 강하다.

> [가] 한국은 베트남과의 협력 관계를 확대해 나갈 예정이다.
> [나] 준호는 자원봉사 계획을 세웠다.

[가] 문장에서 '예정'을 '계획'으로 바꿔 써도 된다. 반면 [나]의 '계획'은 '예정'으로 바꿔 쓸 수 없다. '예정'이 쓰이려면 '예정에 있다'로 바꿔야 한다. 요컨대 상태성과 동작성에서 다소 차이가 있음을 기억해 두자.

## 14.4. 조건

어떤 일이 성립하기 위해서 필요한 것들을 '조건'이라고 한다. 예를 들어 사람이 살기 위한 조건은 공기, 물, 식량 등이다. 성적 장학금을 받기 위해서는 성적과 이수 학점 등이 조건이 된다. 더 좋은 의견을 제시하는 제안에서도 조건은 필수다.

## [1] −어야

'−어야'는 조건을 나타내는 대표적인 연결어미이다. 앞 문장의 내용이 뒤 문장의 조건이 된다. [조건 + −어야][상황]의 형태로 문장이 이루어진다.

**(16)** 가. 제품이 좋<u>아야</u> 많이 팔릴 것입니다.

나. 사용이 간편<u>해야</u> 사람들이 자주 이용하겠지요.

(16가)에서 많이 팔리는 조건은 질 좋은 제품이다. (16나)에서 사람들이 자주 이용하는 조건은 간편한 사용 방법이다. 각각 조건이 선행절에 나타나 있다.

이 문법은 앞에 시제 선어말 어미를 쓰지 않는 것이 좋다.

**(17)** 가. 마지막 골을 넣었<u>어야</u> 했다. 아쉽다.

나. *밥을 많이 먹겠<u>어야</u> 키가 크지.

(17가)는 틀린 문장은 아니지만, '조건'의 의미가 아닌 '후회'의 의미로 쓰인 것이다. (17나)는 '먹어야'로 바꾸어야 한다.

## [2] –(으)ㄴ/는 한

'한'은 어떤 일이 일어날 수 있는 '끝'이다. 즉 조건의 의미를 갖는다. 앞 문장의 내용이 조건이 되어 [조건+ –(으)ㄴ/는 한][상황]의 문장 형식을 갖는다.

**(18)** 가. 인간이 존재하는 한 쓰레기는 사라지지 않을 것이다.

나. 소비가 없는 한 경제는 발전하지 못할 것입니다.

(18가)는 인간이 존재하지 않아야 쓰레기가 사라진다는 뜻이다. (18나)는 소비가 있어야 경제가 발전한다는 뜻이다. 이 문법은 함께 자주 쓰이는 용언이 있다.

**(19)** 가. 건강이 허락하는 한 마라톤에 계속 출전할 것이다.

나. 가능한 한 빨리 오세요.

다. 이변이 없는 한 우리 선수가 금메달을 받을 것이다.

(19가)는 건강하게 사는 동안, 건강한 기간만큼은 마라톤에 계속 출전하겠다는 뜻이다. (19나)는 적당히 빨리 오는 게 아니라 가장 빨리 올 수 있는 시간에 오라는 뜻이다. (19다)는 '이변' 즉, 예상하지 못한 사고가 없으면 우리 선수가 금메달을 받을 것이라는 문장이다. '허락하는 한', '가능한 한', '이변이 없는 한'은 자주 쓰이는 표현이니 기억해 두면 좋다.

## [3] –지 않고서는

'–고서'는 앞에서 보았듯이 순서를 나타내는 문법이다. 이 문법에 '–지 않–'을 결합하여 앞 문장이 뒤 문장의 조건이 됨을 보일 때 쓴다. 또한 이 문법을 사용하면 후행절에 부정의 구문이 쓰인다.

(20)가. 좋은 제품을 만들지 <u>않고서는</u> 시장에서 살아남을 수 없다.

나. 아이를 키워보지 <u>않고서는</u> 인생이 무엇인지 알 수 없다.

다. 동물을 좋아하지 <u>않고서는</u> 이 일을 하지 못한다.

(20가)는 시장에서 살아남기 위한 조건이 좋은 품질이라는 뜻으로 후행절에 '-(으)ㄹ 수 없다'가 쓰였다. (20나)는 인생이 무엇인지 알 수 있는 조건이 아이를 키워보는 일이라는 뜻이다. (20다)는 동물을 좋아해야 어떤 일을 할 수 있다는 문장으로 후행절에 '-지 못한다'가 쓰였다.

## [4] -으면2

이 문법은 사실이 아닌 것을 가정하여 말할 때도 쓰이고(-으면1), 그 가정을 조건으로 삼을 때도 사용한다.

(21) 가. 네가 먼저 사실을 말하<u>면</u> 나도 거짓 없이 모두 말하겠다.

나. 눈이 많이 쌓이<u>면</u> 눈사람을 만들자.

다. 눈이 많이 쌓이<u>면</u> 길이 막힐 것이다.

(21가)에서 조건은 '네가 먼저 사실을 말하는 것'이다. 그러면 '나도 솔직하게 말하겠다'는 의미의 후행절이 뒤따르고 있다. (21나)에서 눈사람을 만들기 위한 조건은 '눈이 많이 쌓이는 것'이다. 반면 (21다)는 (21나)와 똑같은 선행절인데도 의미 차이가 난다. (21다)의 선행절은 '가정'이다. 눈이 많이 쌓일 때 길이 막힐 것이라는 뜻이다. 그러나 가정과 조건

을 완벽하게 구분해내는 것은 불가능하다. 다만 의미 차이가 존재한다는 것을 기억해 두자.

## [5] -다면2

'-(으)면'과 마찬가지로 가정한 사실을 조건으로 삼을 때 쓴다. 이 두 문법의 차이점은 '-다면'은 '-(으)면'에 인용절이 포함되어 있다는 것이다. 즉 '-다면'뿐만 아니라, '-냐면', '-자면', '-라면'도 가능하다. 이는 조건의 내용 정보를 더 풍부하게 만들어 '-(으)면'과 구분되게 한다.

**(22)**가. 통일이 된<u>다면</u> 제일 먼저 할아버지의 고향에 갈 것이다.

　　나. 네가 함께 여행을 가<u>자면</u> 나는 고민 없이 짐을 쌀 거야.

　　다. 네가 내게 이 집을 나가<u>라면</u> 나는 나갈 것이다.

(22가)에서 화자가 할아버지의 고향에 가는 조건은 통일이다. (22나)에서는 여행을 같이 가자고 말해주면 함께 떠나겠다고 말한다. (22다)에서 내가 이 집을 나가는 조건은 '너'의 나가라는 명령이다.

## [6] -기 나름이다

'-기' 앞에 오는 내용에 따라 결과가 달라진다는 뜻을 갖는 문법이다. 즉 앞에 오는 말이 조건이 된다.

**(23)**가. 아이의 성격은 가르치<u>기 나름이다</u>.

　　나. 여행을 어떻게 할 것인지는 계획을 세우<u>기 나름이다</u>.

(23가)는 어떻게 가르치는지에 따라 아이의 성격이 달라진다는 뜻이다. 즉 교수법이 아이의 성격을 결정하는 조건이라는 뜻이다. (23나)는 계획을 어떻게 세우는지에 따라 여행이 달라진다는 뜻이다. 다시 말해 여행의 조건이 잘 세운 계획이라는 뜻이다.

## 14.5. 양보

어떤 상황을 위해 다른 것을 참거나 포기하는 것이 '양보'이다. 꿈을 이루기 위해서는 지금의 어려움을 참아야 한다. 대학 시험에 합격하기 위해서는 취미 활동을 그만두어야 한다. 희생해야 한다. 이것이 양보이다.[24] 이제 양보의 문법들을 살펴보도록 하자.

### [1] -어도

'-어도'는 양보를 나타내는 대표적인 문법이다. 문장 구성은 [양보하는 내용 + -어도] [양보하고 이뤄낼 내용]의 형태이다.

**(24)**가. 중요한 일이 생겨도 네 결혼식은 참석할게.
　　　나. 유학 생활이 힘들어도 졸업은 해야 한다.

(24가)에서 화자가 할 일은 청자의 결혼식에 참석하는 것이다. 이를 위해서는 화자가 중요한 일을 하지 못하게 된다. 다시 말해 중요한 일을 포기하고 네 결혼식에 참석하겠다는 것이다. (24나)는 편안한 유학생활은 포기하고, 어쨌든 졸업은 해야 한다는 의미이다.

---

24　그러나 양보의 뜻에는 '가정'의 의미가 숨어 있어서 그 구별이 어려울 때도 있다. 문맥을 통해 구별할 수 있도록 언어 직관을 길러야 한다.

이 문법은 과거 시제 선어말 어미 '-었-'과 함께 쓸 수 있다.

**(25)**가. 시험을 못 봤어도 신나게 놀 수 있다.

　나. 그 남자와 그 여자는 진심으로 서로를 사랑했다. 그들은 부자가 아니었어도 행
　　복했다.

(25가)는 시험을 못 본 상황은 포기하고 잘 놀겠다는 뜻이다. (25나)는 부자가 아니었
지만 행복했을 것이라는 뜻이다.

## [2] -더라도

어떤 일이 일어날 지도 모르는 상황을 가정할 수 있지만 그것을 포기하고, 즉 양보하
고, 후행절의 내용을 행해야 한다고 말할 때 쓰는 문법이다. '-어도'와 매우 비슷하지만
좀 더 강한 양보의 의미를 가지고 있다.

**(26)**가. 이 일이 성공하지 못하더라도 끝까지 함께합시다!

　나. 바쁘시더라도 제 졸업식에 와주십시오.

(26가)는 성공하지 못하는 슬픈 상황이 있을 수 있으나 함께 일하자는 의미다. (26나)
는 바쁜 상황을 희생하고 졸업식에 와달라는 뜻이다. 역시 양보의 의미다.

한편, '-었더라도'의 형태로 쓰일 때도 있다. 이는 '확신할 수 없는 과거의 일'을 이야기
하면서 추측할 때 쓰인다. 이때는 양보의 의미보다 가정의 의미가 더 강해진다.

**(27)** 가. 그 회사는 합격했더라도 안 다녔을 것이다.

　　　나. 네가 일찍 도착했더라도 나를 만나지는 못했을 것이다.

(27)은 선행절이 모두 가정의 의미를 갖는다.

## [3] –(으)ㄴ/는데도

어떤 상황이 있으면 이로 인해 일반적으로 발생하는 결과들이 있다. 그러나 어떤 경우, 그 일반적인 일이 일어나지 않고 다른 일이 발생할 때도 있다. 아래의 예를 보자.

**어젯밤에 숙제하느라고 늦잠을 잤다.**

그러면 일반적으로 다음과 같은 일들이 일어날 것이다.

**늦게 일어났다.**

**학교에 지각했다.**

그런데 간혹 그렇지 않은 경우도 있다.

**늦잠을 잤는데도 일찍 일어났다.**

**늦잠을 잤는데도 지각하지 않았다.**

이와 같이 예상하는 일이 일어나지 않고 반대 상황이 일어났을 때, 이 문법을 쓰면 좋다. '–더라도'와 비교하여 아래의 문장 구조를 이해해 두면 좋다.

[아직 일어나지 않은 일 + -더라도][당부/권유/명령]

[일어난/일어나는 일 + -(으)ㄴ/는데도] [예상밖의 일/반대의 일]

**(28)**가. 선희는 매일 밤 맥주를 <u>마시는데도</u> 살이 찌지 않는다.

　　나. 윤우는 <u>조용한데도</u> 인기가 많다.

(28가)의 경우, 일반적으로 맥주를 마시면 살이 찐다. 그러나 선희는 살이 찌지 않는다. (28나)의 경우, 일반적으로 조용한 사람은 인기가 많지 않다. 그러나 윤우는 인기가 많다.

위 문장은 '-는데도'를 쓰지 않고 '-는데'로 바꿔 써도 큰 문제는 없다. 다만 '도'가 있음으로써 '일반적으로 그래야 하는데 그렇지 않음'이라는 뜻이 더해진다.

## [5] -(으)ㄹ망정

이 문법은 선행절의 상황이 이루어진다고 해도 후행절의 내용을 하겠다는 강한 의지를 밝힐 때 쓴다. '-더라도'가 매우 강조된 형태이다. 따라서 날씨가 춥다거나 기분이 안 좋다거나 하는 등의 일상 이야기들은 이 문법에 어울리지 않는다. 몹시 힘들고 곤란한 상황이 선행절에 온다.

**(29)**가. 여기서 얼어 <u>죽을망정</u> 네 집으로 돌아가지 않겠다.

　　나. <u>굶을망정</u> 나쁜 방법으로 돈을 벌지 않겠습니다.

(29가)는 여기에서 얼어 죽는 일이 있어도 청자의 집으로 가지 않겠다는 강한 의지를 보여주고 있다. 얼어 죽는 희생을 하면서도 가지 않겠다는 것이다. (29나)는 굶어도 나쁜

일을 하지 않겠다는 의지를 보이고 있다. 먹는 일은 양보하면서 자신의 의지를 행하겠다는 것이다.

## 14.6. 방법

한국어를 잘하고 싶으면 어떻게 해야 할까? 서울에서 제주도는 어떻게 가야 하지? 이 약, 어떻게 먹는 거예요? 각각의 질문에 대답을 해보자. 먼저 어떤 외국어든 잘하려면 열심히 공부하는 수밖에 없다. 제주도에 가기 위해서는 비행기나 배를 타야 한다. 약은 식사 후에 물과 함께 먹는다. 이 모든 질문과 대답이 '방법'에 관한 것이다. 종종 '수단', '도구'로 바꿔 말하기도 한다. 아래는 방법과 관련된 문법들이다.

### [1] −(으)려면

[−(으)려고 하− + −(으)면]을 줄인 문법이다. 즉 '어떤 목적을 가지고 있으면' 혹은 '무엇을 하고 싶으면'의 뜻이 된다.

**(30)**가. 건강하게 오래 <u>살려면</u> 꾸준히 운동을 해야 한다.

　　나. 강원도에 <u>가려면</u> 고속버스터미널에서 버스를 타야 해요.

(30가)는 건강하게 오래 사는 방법은 꾸준한 운동이라는 의미다. (30나)는 강원도에 가는 방법은 고속버스터미널에서 버스를 타는 것이라는 의미다. 문장 구성은 [목적 + −(으)려면][방법]으로 후행절의 내용이 '방법'이다.

## [2] –어서3

'–어서'는 이유를 나타내거나 순서를 나타낼 때도 쓰이지만, 방법을 나타낼 때도 쓰인다.

**(31)** 가. 비타민C는 아침에 한 번, 저녁에 한 번 <u>나눠서</u> 먹는 것이 좋다.

　　　나. 서울에서 강원도까지 <u>걸어서</u> 간 적이 있어요.

(31가)는 먹는 방법을, (31나)는 강원도까지 간 방법을 '–어서'로 설명하고 있다. [방법 + –어서][행동]의 문장 구조를 이루는데 선행절과 후행절의 주어는 반드시 같아야 하고 앞에 시제 선어말 어미를 쓸 수 없다.

## [3] –음으로써

[방법 + –(으)ㅁ으로써][행동]의 문장 구성으로 쓰인다. 문어에서 자주 사용하는 표현이다.

**(32)** 가. 그는 지속적으로 운동을 <u>함으로써</u> 건강을 지켰다.

　　　나. 우리는 시장을 <u>넓힘으로써</u> 수익을 얻고 있습니다.

(32가)는 운동을 하는 것이 건강을 지키는 방법이라는 뜻이다. (32나)는 시장을 넓히는 방법이 수익을 얻는 방법이라는 의미다.

## 14.7. 가능성

아직 일어나지 않은 일들에 대해서 우리는 여러 방식으로 생각한다. 추측하거나 추론하기도 하고, 확신하며 예언하기도 하며, 이미 사실인 것처럼 단언하기도 한다. '가능성' 역시 이 많은 이야기 방식 중 하나이다. 가능성을 이야기하는 문법으로 '-(으)ㄹ 수 있다', '-(으)ㄹ지도 모르다', '-(으)ㄹ 리가 없다'를 살펴볼 것이다.

## [1] -(으)ㄹ 수 있다

가능성을 이야기하는 대표적인 문법이다. 가능성이 없다고 이야기할 때는 '있다' 대신 '없다'를 쓴다.

**(33)**가. 여러분의 제안도 받아들여질 수 있습니다.

　　나. 여러분의 제안은 받아들여질 수 없습니다.

(33가)는 미래의 일에 대한 가능성을 이야기하는 문장이고, (33나)는 가능성이 없음을 이야기하는 문장이다.

한편 이 문법은 주어가 1인칭일 때 '능력'으로 분류되기도 한다.

**(34)**가. 저는 마케팅 기획서를 쓸 수 있습니다.

　　나. 이 실력으로는 좋은 성적을 받을 수 없다.

(34가)는 능력이 있음을, (34나)는 능력이 없음을 나타낸다.

## [2] -(으)ㄹ지(도) 모른다

'-(으)ㄹ 수 있다'에 비해 가능성이 낮은 것을 이야기할 때 쓰는 문법이다. 아무도 사실인지 아닌지 알 수 없는 일이나 이미 누구나 알고 있는 사실에 대해, 반대의 가능성을 이야기할 때 쓰면 자연스럽다. 이때 '모르다'는 반드시 현재형 '모른다'로 써야 한다.

**(35)**가. UFO가 있을지도 <u>모른다</u>.

　　나. 다른 회사에서 우리의 정보를 훔쳐 갔을지도 <u>모릅니다</u>.

(35가)는 UFO가 존재한다는 사실이 확실하지 않은 상황에서 그 반대의 가능성을 이야기하고 있다. 만일 누군가 "UFO가 없을 지도 모른다."라고 이야기한다면 UFO가 있다고 확신하는 사람들 사이, 이를테면 UFO 동호회 등에서만 쓸 수 있는 말이다.

(35나)는 확정적인 증거는 없지만, 다른 회사가 우리의 정보를 훔쳐 갔을 가능성이 있을 수 있다는 뜻이다. 마찬가지로, '정보를 훔쳐가지 않았을지도 모릅니다'라는 문장을 누군가 말했다면, 정보를 훔쳐 간 사실이 명확한데, 그 반대의 가능성도 있다는 의도로 말하여진 것이다.

## [3] -(으)ㄹ 리(가) 없다

이 문법은 전혀 가능성이 없음을 확신하며 말할 때 사용하는 문법이다.

**(36)**가. 세희가 토픽 시험에 <u>합격할 리가 없다</u>.

　　나. 김 교수님이 한국을 <u>떠나셨을 리가 없습니다</u>.

(36가)는 세희가 토픽 시험에 합격하지 못할 것임을 확신하는 문장이다. '합격하지 못

할 것이다'와 같은 추측의 문장과 의미가 비슷해 보이지만, 가능성을 보았다는 면에서 차이가 있다.

(36나)는 과거 시제 선어말 어미 '-었-'과 함께 쓰인 문장이다. 확인되지 않은 과거의 일에 대해 불가능을 확신하며 말하고 있다. 즉 '(과거에) 떠나지 않았음이 확실하다'라고 말하고 있는 것이다.


위에서 살펴본 가능성의 문법들은 아직 일어나지 않은 일을 단정적으로 말하는 두 개의 평서문을 포함하여 다음과 같이 서열화 할 수 있다.

| 가<br>능<br>성 | 단언 | 추측 |
|---|---|---|
| | 선호가 대학에 합격한다. | 선호는 대학에 합격할 수 있다. |
| | | 선호는 대학에 합격할지 모른다. |
| | 선호가 대학에 합격하지 못한다. | 선호는 대학에 합격할 리 없다. |

# ✏ 쓰고 발표하기

14강에서 배운 문법을 사용하여 제안서를 써봅시다.

설명문은 서론, 본론, 결론으로 구성됩니다. 각각에는 다음과 같은 내용이 들어갑니다.

※ 제안서의 구성

| 구 분 | 내 용 |
|---|---|
| 도입 | 제안 배경 |
| | 목적 |
| 본문 | 내용 설명 |
| | 방법 |
| | 일정 |
| 맺음말 | 요약 및 정리 |

실제 제안서를 써봅시다. 쓰고 발표해 봅시다.

※ 제목 : _____

| 도입 | 제안 배경 |
| | 제안 목적 |
| 본문 | 내용 소개 |
| | 방법 |
| | 진행 계획 |
| 맺음말 | 요약 정리 |

# 참고문헌

- **고영근(2007)**, 『한국어의 시제 서법 동작상』, 태학사.

- **고영근, 구본관(2018)**, 『우리말 문법론』, 집문당.

- **김민영(2014)**, 『대학 한국어 문법』, 박이정.

- **김민영(2017)**, 한국어교육을 위한 '듯(이)'와 '-듯(이)' 연구, 인문학연구, 56(4), 131–155.

- **김민영(2018)**, 『외국인 유학생을 위한 한국어 시제』, 박이정.

- **김민영(2019)**, 용법에 따른 유사 문법 교육 연구: '듯' 류 문형의 항목화를 예로 들어, 교육문화연구, 15(2), 655–673.

- **김민영(2020)**, 한국어 어휘상 유형과 연결어미 '-느라고'의 결합 양상 연구, 인문학연구, 59(1), 305–325.

- **김의수(2018)**, 『언어의 다섯 가지 부문 연구』, 한국문화사.

- **박덕유(2007)**, 『한국어의 相 이해』, 제이앤씨.

- **허용(2020)**, 『외국어로서의 한국어학의 이해』, 소통.

- **홍윤기(2005)**, 連結語尾의 相的 意味 表示 機能 -'-느라고, -(으)면서, -자마자, -다 보니, -고 보니'를 중심으로-, 語文研究, 33(1), 109~129.

- Smith, C.(1991), *The Parameter of Aspect*, Boston: Kluwer.

- Van Valin, R., and LaPolla, R.(1997), *Syntax*, Cambridge University Press.

- Van Valin, Robert D.(2001), *Syntax : Structure, Meaning and Function*, Cambridge. University Press

- Vendler, Z.(1967), *Linguistics and Philosophy*, Cornell University Press.